IL GRANDE LIBRO SULLA FRIGGITRICE AD ARIA

LE RICETTE PIÙ RICERCATE PER LA TUA FRIGGITRICE AD ARIA

-Francesca Rizzi-

INDICE:

Nota Legale

Le informazioni contenute in questo libro e i suoi contenuti non sono pensati per sostituire qualsiasi forma di parere medico o professionale; e non ha lo scopo di sostituire il bisogno di pareri o servizi medici, finanziari, legali o altri che potrebbero essere necessari. Il contenuto e le informazioni di questo libro sono stati forniti solo a scopo educativo e ricreativo.

Il contenuto e le informazioni contenuti in questo libro sono stati raccolti a partire da fonti ritenute affidabile, e sono accurate secondo la conoscenza, le informazioni e le credenze dell'Autore. Tuttavia, l'Autore non può garantirne l'accuratezza e validità e perciò non può essere ritenuto responsabile per qualsiasi errore e/o omissione. Inoltre, a questo libro vengono apportate modifiche periodiche secondo necessità. Quando appropriato e/o necessario, devi consultare un professionista (inclusi, ma non limitato a, il tuo dottore, avvocato, consulente finanziario o altri professionisti del genere) prima di usare qualsiasi rimedio, tecnica e/o informazione suggerita in questo libro.

Usando i contenuti e le informazioni in questo libro, accetti di ritenere l'Autore libero da qualsiasi danno, costo e spesa, incluse le spese legali che potrebbero risultare dall'applicazione di una qualsiasi delle informazioni contenute in questo libro. Questa avvertenza si applica a qualsiasi perdita, danno o lesione causata dall'applicazione dei contenuti di questo libro, direttamente o indirettamente, in violazione di un contratto, per torto, negligenza, lesioni personali, intenti criminali o sotto qualsiasi altra circostanza.

Concordi di accettare tutti i rischi derivati dall'uso delle informazioni presentate in questo libro.

Accetti che, continuando a leggere questo libro, quando appropriato e/o necessario, consulterai un professionista (inclusi, ma non limitati a, il tuo dottore, avvocato, consulente finanziario o altri professionisti del genere) prima di usare i rimedi, le tecniche o le informazioni suggeriti in questo libro.

Capitolo 1: COLAZIONE

ANANAS CARAMELLATO

Tempo di PROCEDIMENTO: 60 secondi
Tempo di cottura: 5 minuti
Porzioni: 4

INGREDIENTI:

300g di ananas ad anelli in scatola
60g di amaretti triturati
55g di zucchero di canna
1 noce di burro

PROCEDIMENTO:

Con la friggitrice a 180 gradi, inserire il burro e lo zucchero in modo che si sciolgano, aggiungere gli anelli di ananas lasciando cuocere il tutto per 3 minuti mescolando almeno una volta. Versare il tutto nei piatti e cospargere gli amaretti.
Nutrienti: Kcal 162, grassi 7g, fibre 9g, carboidrati 7g, proteine 5g

AVENA CON BANANA E NOCI

Tempo di PROCEDIMENTO:
11 minuti
Tempo di cottura: 15 minuti
Porzioni: 2

INGREDIENTI:

75g di avena, tritata
250ml di latte di mandorla
250ml d'acqua
1 cucchiaino di cannella in polvere
18g di noci tritate
1/2 banana sbucciata e schiacciata
½ cucchiaino di noce moscata macinata
1 cucchiaio di farina di semi di lino
1 cucchiaino di estratto di vaniglia

PROCEDIMENTO:

Inserire l'acqua, il latte di mandorla, l'avena, il seme di lino, la cannella, la noce moscata e la vaniglia nella friggitrice (nessun obbligo sull'ordine) e mescolare il tutto. Cuocere per 15 minuti a 180 gradi. Servire e buon inizio di giornata!

Nutrienti: Kcal 183, grassi 7g, fibre 7g, carboidrati 13g, proteine

AVENA E FUNGHI

Tempo di PROCEDIMENTO: 30 min
Porzioni: 4

INGREDIENTI:

70 g di avena
30 g di olio EVO
35 g di burro
110 ml di acqua
1 cipolla gialla tritata
1 spicchio d'aglio tritati
400 g di brodo di pollo
50 g di formaggio grattugiato
Sale e pepe Q.B.
225 g di funghi tagliati a fette
3 foglie di timo tritate

PROCEDIMENTO:

Inserire la cipolla, il burro e l'aglio all'interno di una padella pre-riscaldata, cuocere per 3-4 minuti mescolando gli INGREDIENTI: tra loro durante la cottura. Una volta pronto, inserire il tutto nella friggitrice ad aria e cuocere per 15/17 minuti a 180 gradi. Cuocere i funghi su una padella a parte con l'olio per 2-3 minuti aggiungendo il formaggio. Una volta che la friggitrice ad aria avrà finito la cottura, riversare il tutto all'interno della padella con i funghi e il formaggio, mescolare gli INGREDIENTI: e servire!

Nutrienti: Kcal 286, Grassi 7g, Fibre 9g, . Carboidrati: 22g, Proteine 18g

AVOCADO EGG

Tempo di PROCEDIMENTO: 5 minuti
Tempo di cottura: 5 minuti
Porzioni: 4

INGREDIENTI:

4 fette di pane tostato
1 avocado pelato e schiacciato
2 uova
Tre pizzichi di pepe rosso tritato
Un goccio d'olio d'oliva

PROCEDIMENTO:

Mettere 1 litro di acqua fredda nella friggitrice, inserire le uova, portare a ebollizione e attendere 4-5 minuti. Pelare le uova, tagliarle a metà, distribuire spalmando in modo equo l'avocado sul pane tostato e mettere un uovo su una fetta di pane e l'altro uovo sull'altra fetta. Aggiungere l'olio e il pepe rosso tritato et voilà!

Nutrienti: Kcal 222, grassi 5g, fibre 6g, carboidrati 10g, proteine 5g

BARRETTE DI GRANOLA ENERGETICHE

Tempo di PROCEDIMENTO: 15 min
Porzioni: 6 persone

INGREDIENTI:

250g di noci pecan tritate
150g di scaglie di mandorle
50g. Di semi di lino dorati
1 cucchiaino di cannella in polvere
80g di scaglie di cocco non zuccherate
50g di eritritolo
40g di gocce di cioccolato senza zucchero
40g di semi di girasole
30g di burro non salato

PROCEDIMENTO:

Mixare e disporre tutti gli INGREDIENTI: in una teglia rotonda con 4 stampi (tipo stampo per muffin). Mettetela nel ripiano della friggitrice ad aria e "cuocete" per 5 minuti a 160° C. Lasciare raffreddare e servire.
Nutrienti: Kcal 615, Proteine 11g, Fibre 12g, Carboidrati 6g, Glicemia 15g, Grassi 56g, Sodio 5g Carboidrati 34g, Zuccheri 2.5g.

BISCOTTI AL LATTICELLO

Tempo di PROCEDIMENTO: 7 minuti
Tempo di cottura: 8 minuti
Porzioni: 8

INGREDIENTI:

120g di farina auto lievitante
1 cucchiaino di lievito in polvere
300g di farina bianca
2 cucchiaini di zucchero
1/2 cucchiaino di bicarbonato di sodio
360g di latticello
8 cucchiai di burro freddo e a cubetti + 2 cucchiai di burro fuso
Sciroppo d'acero

PROCEDIMENTO:

Prendere una ciotola, mettere il lievito in polvere, lo zucchero, il bicarbonato di sodio, lo zucchero, la farina auto lievitante e la farina bianca e mescolare il tutto. Aggiungere il burro freddo, il latticello e mescolare. Infarinare una superficie di lavoro e trasferire sopra l'impasto ottenuto precedentemente. Stendere la pasta e tagliare 20 pezzi con una rotella. Prendere i biscotti ottenuti e metterli nella padella della friggitrice, prendere il burro fuso e spennellare i biscotti uno ad uno. Cuocere per circa 10 minuti a 190°C.
Cospargere i biscotti con sciroppo d'acero (quantità a piacere).

Nutrienti: Kcal 187, grassi 7g, fibre 9g, carboidrati 12g, proteine 5g

BREAKFAST BURGER

Tempo di PROCEDIMENTO: 11 minuti
Tempo di cottura: 45 minuti
Porzioni: 2

INGREDIENTI:

250g di manzo macinato
2 panini rotondi
1/2 cucchiaino di prezzemolo tritato
1/2 cucchiaino d'aglio tritato
1/2 cucchiaino di senape
1/2 cucchiaio di formaggio cheddar grattugiato
1/2 cipolla gialla tritata
1/2 cucchiaino di basilico essiccato
1/2 cucchiaino di passata di pomodoro
Sale e pepe nero Q.B.

PROCEDIMENTO:

Mescolare la passata di pomodoro, il basilico, il sale e il pepe, il formaggio, il prezzemolo, la cipolla e la carne di manzo per andare a creare 2 hamburger. Inserire gli hamburger nella friggitrice ad aria preriscaldata a 180°C e cuocere per 27 minuti. Abbassare la temperatura a 95°C e cuocere per altri 18-20 minuti. Inserire gli hamburger nel pane e godersi questa deliziosa pietanza!
Nutrienti: Kcal 234, grassi 6g, fibre 9g, carboidrati 11g, proteine 5g

BUDINO DI DATTERI

Tempo di PROCEDIMENTO: 23 min
Porzioni: 4 persone

INGREDIENTI:
4 datteri snocciolati
390ml di latte
Miele per servirlo
195ml di acqua

PROCEDIMENTO:

Prendere una pentola che in quanto a dimensioni vada bene per la friggitrice ad aria, mettere e successivamente mescolare il latte, i datteri e l'acqua. Inserire il tutto in friggitrice cuocendo per 14 minuti a 190°C.

CHIPS DI MELE

Tempo di PROCEDIMENTO: 11 minuti
Tempo di cottura: 16 minuti
Porzioni: 4

INGREDIENTI:

1 cucchiaino di cannella (in polvere)
2 cucchiai di stevia
2 mele tagliate a fette molto sottili

PROCEDIMENTO:

Prendere le strisce di mela e metterle nella friggitrice, aggiungere la cannella, la stevia e cuocere il tutto a 210°C per 9 minuti

CIAMBELLE

Tempo di PROCEDIMENTO: 30 min
Porzioni: 6 persone

INGREDIENTI:

60g di burro
120g di panna acida
8g di lievito per dolci
160g di zucchero
2 tuorli d'uovo
250g di farina 00
1 cucchiaino di cannella in polvere

PROCEDIMENTO:

Mischiare burro (lasciare una piccola parte per dopo), tuorli d'uovo e zucchero (lasciarne un po' per dopo) in una ciotola di piccole dimensioni, aggiungere la panna acida e mescolare per ottenere un impasto. Infarinare un tavolo da lavoro e trasferirci sopra l'impasto ottenuto precedentemente. Stendere l'impasto e "trasformarlo" in ciambelle. Recuperare il burro rimasto per distribuirlo equamente sulle ciambelle e inserirle all'interno della friggitrice ad aria pre-riscaldata a 180°C. Cuocere per 7-8 minuti. Nel frattempo, mischiare la cannella e lo zucchero avanzato in una piccola ciotola. Una volta che le ciambelle sono pronte, immergerle nella piccola ciotola con la cannella e lo zucchero. Buona "degustazione"!

CIPOLLA E TOFU

Tempo di PROCEDIMENTO: 10 minuti
Tempo di cottura: 14 minuti
Porzioni: 4

INGREDIENTI:

4 cucchiai di farina di lino mixati con 20 ml di acqua
½ di tazza di tofu sodo a cubetti
2 cucchiaini di amino di cocco
2 cipolle gialle tagliate
Pepe nero (in poca quantità)
Olio spray

PROCEDIMENTO:

Prendere una tazza e amalgamare il pepe, l'amino di cocco e la farina di lino. Aggiungere la cipolla tagliata a fette e mettere il tutto all'interno della friggitrice (dopo averla unta con lo spray). Cuocere a 185°C per 13 minuti. Alla scadenza, aggiungere il tofu e la farina di lino cuocendo il tutto per altri 3-4 minuti.

COLAZIONE INTERNAZIONALE

Tempo di PROCEDIMENTO: 18 min
Porzioni: 5 persone

INGREDIENTI:

5 fettine di pane tostato
4 salsicce di medie dimensioni
5 fette di pancetta
150g di fagioli cotti
5 uova

PROCEDIMENTO:

Cuocere pancetta e salsicce a 170°C per 9 minuti. Prendere uova e fagioli cotti per inserirli in un piccolo stampo. Cuocerli per 12 minuti a 105°C. Buona colazione!

CORNETTO CON PROSCIUTTO E UOVA

Tempo di PROCEDIMENTO: 15 min
Porzioni: 2 persona

INGREDIENTI:

2 cornetti
8 pomodorini tagliati a metà
2 uova
6 fette di prosciutto cotto
100g di cheddar a listarelle

PROCEDIMENTO:

Prendere una piroflila cospargendola di burro. Mettere gli INGREDIENTI: posizionati in due strati ponendo il formaggio nello strato superiore e nello strato di mezzo. Rompere le uova creando uno spazio all'interno (centralmente) al composto di prosciutto. Prendere sale, rosmarino e pepe e far "piovere" il tutto sulla miscela. Prendere il croissant e posizionarlo insieme all'impasto sul cestello della friggitrice ad aria. Cuocere il tutto a 150°C per 9-10 minuti ricordando di tirare fuori il croissant in anticipo rispetto al resto (4-5 minuti). Estraete il tutto e godetevi una buona colazione!

Nutrienti: Kcal 190.

CORNETTO SEMPLICE

Tempo di PROCEDIMENTO: 4 minuti
Tempo di cottura: 6 minuti
Porzioni: 2

INGREDIENTI:

2 cornetti congelati (da scongelare) e tagliare
Olio in spray
2 cucchiai di mandorle tritate
2 cucchiai di crema di nocciole

PROCEDIMENTO:

Prendere i due croissant e riempirli con la crema di nocciole e con le mandorle tritate. Mettere i cornetti nella friggitrice e cuocere a 185°C fino a che sono dorati e abbastanza croccanti (a seconda anche del gusto personale).

Nutrienti: Kcal 310, grassi: 5g, fibre: 10g, carboidrati: 16g, proteine: 13g

CREMA AL CAFFE'

Tempo di PROCEDIMENTO: 5 minuti
Tempo di cottura: 3 minuti
Porzioni: 4

INGREDIENTI:

120ml di caffè espresso
4 chicchi di caffè
2 cucchiai di Nutella®
600g di panna vegetale zuccherata

PROCEDIMENTO:

Settare la friggitrice a 195°C e metterci all'interno la Nutella® e il caffè per far sì che il tutto si sciolga. Il "composto" ottenuto passarlo all'interno di una tazza o di una ciotola per mescolare tutto (dopo aver aggiunto la panna). Il risultato da ottenere deve essere una crema densa. Versare in tazzine di vetro (o bicchieri) e come ciliegina sulla torta guarnire con i chicchi di caffè.

Nutrienti: Kcal 160, grassi: 5g, fibre: 9g, carboidrati: 7g, proteine: 5g

DELIZIOSI TOAST ALLA CANNELLA

Tempo di PROCEDIMENTO: 12 min
Tempo di cottura: 6 min
Porzioni: 6 persone

INGREDIENTI:

1 panetto di burro morbido
1 cucchiaino di cannella in polvere
1 cucchiaio di miele
½ cucchiaino di estratto di vaniglia
12 fette di pane
110g Zucchero a velo

PROCEDIMENTO:

Prendere una tazza o un contenitore di piccole dimensioni per inserirci lo zucchero, la vaniglia, la cannella e il miele. Mescolare il tutto. Cospargere le fette di pane con l'impasto ottenuto e cuocere per 6 minuti a 190°C.

Nutrienti: Kcal 225, Grassi 6g, Fibre 8g, Carboidrati 11g, Proteine 10g

FRITTATA DI ASPARAGI

Tempo di PROCEDIMENTO: 30 min
Porzioni: 4 persone

INGREDIENTI:

8 uova sbattute
20 punte di asparagi al vapore
8 cucchiai di latte
4 cucchiai di parmigiano grattugiato
Olio spray
Sale e pepe Q.B.

PROCEDIMENTO:

Mettere sale, olio, uova, parmigiano e pepe in una ciotola e frullare il tutto. Impostare la friggitrice ad aria dopo averla "unta" con l'olio spray a 190°C. Aggiungere gli asparagi, mescolare il tutto e lasciare cuocere per 6 minuti.

Nutrienti: Kcal 311, Grassi 6g, Fibre 9g, Carboidrati 15g, Proteine 2g.

FRITTATA DI CIPOLLA

Tempo di PROCEDIMENTO: 35 minuti
Porzioni: 3 persone

INGREDIENTI:

5 uova sbattute
1/2 cucchiaio di olio d'oliva
230g di patate novelle tagliate
1 cipolla gialla affettata
Sale e pepe Q.B.
15g di formaggio cheddar grattugiato
60g di panna acida

PROCEDIMENTO:

Creare degli strati con patate, sale, cipolla e formaggio all'interno di una casseruola, ungerla con l'olio, aggiungere le uova e mettere il tutto nella friggitrice ad aria e cuocere a 150°C per 21 minuti. Dividete la frittata e.. Buona colazione!
Nutrienti: Calorie 230, Grassi 6g, Fibre 8g, Carboidrati 8g, Proteine 5g.

FRITTATA DI FAGIOLINI

Tempo di PROCEDIMENTO: 22 minuti
Porzioni: 6 persone

INGREDIENTI:

2 cucchiaini di olio d'oliva
8 spicchi d'aglio tritati
6 uova sbattute
Sale e pepe (a piacimento)
8 fagiolini affettati e tagliati
2 cucchiaini di salsa di soia

PROCEDIMENTO:

Mettere pepe, salsa di soia, uova e sale in una ciotola di medie dimensioni e amalgamare il tutto. Inserire aglio, olio all'interno della friggitrice e mescolare per 60 secondi. Unire uova e fagiolini condendo il tutto e cuocendo per 8 minuti (a fuoco medio). Buona colazione!

Nutrienti: Kcal: 210, Grassi 5g, Fibre 8g, Carboidrati 10g, Proteine 5g.

FRITTATA DI PATATE

Tempo di PROCEDIMENTO: 30 min
Porzioni: 6 persone

INGREDIENTI:

170g di peperoni rossi arrostiti in barattolo tritati
16 spicchi di patate
2 cucchiai di erba cipollina tritata
45g di parmigiano grattugiato
3 spicchi d'aglio tritati
2 cucchiai di prezzemolo tritato
12 uova sbattute
Sale e pepe Q.B.
90g di ricotta
Olio spray

PROCEDIMENTO:

Riscaldare la friggitrice a 150°C e "ungerla" con l'olio spray. Mettere peperoni, prezzemolo, ricotta, pepe, sale ricotta in una ciotola e frullate il tutto. Aggiungere patate, uova e parmigiano. Spargere l'erba cipollina e cuocere il tutto per 20 minuti.

Nutrienti: Kcal 310 Grassi 6g, Fibre 9g, Carboidrati 15g, Proteine 5g.

FRITTATA DI PATATE E PORRI

Tempo di PROCEDIMENTO: 27 min
Porzioni: 4 persone

INGREDIENTI:

2 patate bollite pelate e sminuzzate
65ml di latte intero
2 porri tagliati a fettine
10 uova sbattute
150g di formaggio grattugiato
25g di burro
Sale e pepe Q.B.

PROCEDIMENTO:

Mettere i due porri tagliate a fette in una padella con l'olio cuocendo per 5 minuti. Aggiungere patate, burro, sale, pepe, uova e formaggio e mescolare il tutto continuando a cuore per altri 60 secondi. Una volta terminato il minuto, portare il tutto nella friggitrice ad aria cuocendo per 14 minuti a 175°C. Una volta pronta, tagliare e servire.

Nutrienti: Kcal: 273, Grassi 5g, Fibre 9g, Carboidrati 13g, Proteine 5g.

FRITTATA DI PROSCIUTTO

Tempo di PROCEDIMENTO: 30 min
Porzioni: 3 persone

INGREDIENTI:

400g baguette a cubetti
½ cucchiaio di senape
60g di formaggio cheddar "sfilacciato"
Sale e pepe Q.B.
60g peperoncini verdi tagliati a pezzettini
145g cubetti di prosciutto
2 uova
Olio spray

PROCEDIMENTO:

Prendere una ciotola, mischiare il burro, la senape, le uova, il sale, il formaggio e il pepe e frullare. Aggiungere i cubetti di baguette dopo averli frullati con i cubetti di prosciutto e i peperoncini e mettere all'interno della friggitrice ad aria pre-riscaldandola a 180°C. Inserire le uova per ultime. Cuocere il tutto per 14 minuti.

Nutrienti:: Kcal 203, Grassi 6g, Fibre 7g, Carboidrati 13 g, Proteine 15g.

FRITTELLE DI CASTAGNE

Tempo di PROCEDIMENTO: 2 minuti
Tempo di cottura: 4 minuti
Porzioni: 9 frittelle

INGREDIENTI:
½ cucchiaino di (lievito istantaneo)
30g di uvetta
Sale (in poca quantità)
100g di farina di castagne

PROCEDIMENTO:

Come prima cosa, creare una "crema" amalgamando lievito, farina e acqua (mezzo bicchiere d'acqua bollente). Prendere l'uvetta, unirla alla crema e continuare ad amalgamare. Prendere il tutto e inserirlo all'interno della friggitrice. Importante andare a trasformare la crema in piccole frittelle. Cuocere per 6 minuti a 195°C.

Nutrienti: Kcal 243, grassi: 5g, fibre 7g, carboidrati 10g, proteine 6g

FRITTELE (SALUTARI) DI MAIS

Tempo di PROCEDIMENTO: 30 min
Porzioni: 2 persona

INGREDIENTI:
2 uova
300g di farina
330g di mais
60g di burro (sciolto)
3 cucchiaini di lievito in polvere
1 cucchiaino di sale
Pepe Q.B.
0,5L di latte

PROCEDIMENTO:

Prendere una ciotola per mescolare insieme le uova (dopo averle sbattute), il burro e il latte. Nel frattempo, prima di proseguire con gli altri passaggi, accendere e riscaldare l'elettrodomestico a 175°C. In un altro contenitore (preferibilmente una tazza) mettere il pepe, il lievito, la farina e il sale. Mescolare il composto precedente a quest'ultimo. Dopodichè, prendere il mais, unirlo al tutto e lasciare riposare l'impasto per 6 minuti. Passati questi 6 minuti, trasformare l'impasto in frittelle (per quanto riguarda la forma meglio a forma circolare). Prendere le frittelle e metterle nel freezer per 6 minuti. Estrarre le frittelle dal freezer, metterle nella friggitrice ad aria e cuocere a 190°C per 5 minuti.

Nutrienti: Kcal: 215

FRITTELLE DI MELE

Tempo di PROCEDIMENTO: 35 min
Porzioni: 2

INGREDIENTI:

2 mele
½ cucchiaino di cannella in polvere
Una piccola quantità di uva passa
Miele a piacere

PROCEDIMENTO:

Mettere l'uvetta all'interno delle mele, versate il cucchiaino di cannella e versare il miele. Inserire il tutto all'interno della friggitrice ad aria cuocendo a 180°C per 16 minuti. Buon inizio di giornata!

FRITTELLE DI SPAGHETTI DI ZUCCA

Tempo di PROCEDIMENTO: 22 min
Dosi per: 4 persone

INGREDIENTI:

320g di spaghetti di zucca cotti
35 gr di burro morbido
35g di farina di mandorle
½ cucchiaino di aglio in polvere
2 "gambi"di cipollotto affettati
1 uovo
1 cucchiaino di prezzemolo (secco)

PROCEDIMENTO:

Mettere tutti gli INGREDIENTI: all'interno di una pirofila o meglio ancora una ciotola di grandi dimensioni per andare a creare 4 frittelle. Pre-impostare la friggitrice ad aria a 200°C, ritagliare la carta da forno " a forma " di vassoio dell'elettrodomestico e poggiarci sopra le frittelle. Cuocere per 9 minuti girando le polpette.

FRUTTA CARAMELLATA

Tempo di PROCEDIMENTO: 2 minuti
Tempo di cottura: 6 minuti
Porzioni: 2

INGREDIENTI:

200g di frutta mista (albicocche, mele, pere, prugne) tagliata a cubi
2 cucchiai di zucchero di canna
2 palline di gelato alla vaniglia
20g di burro

PROCEDIMENTO:

Prendere il burro, accendere la friggitrice ad aria a 195°C (far sciogliere il burro), inserirci la frutta con lo zucchero cuocendo per 6 minuti. Accompagnare il tutto con il gelato alla vaniglia.

Nutrienti: Kcal 252, grassi: 6g, fibre: 6g, carboidrati: 9g, proteine: 3g

INVOLTINI DI LAMPONI

Tempo di PROCEDIMENTO: 50 min
Porzioni: 6 persone

INGREDIENTI:

250 ml di latte
50g di burro
45g di zucchero
2 cucchiaini di lievito
1 uovo
435g di farina 0
Olio Spray
Per il ripieno:
220g di formaggio spalmabile morbido
1 cucchiaino di estratto di vaniglia
1 cucchiaio di amido di mais
345g di lamponi
60g di zucchero
Scorza di limone grattugiata

PROCEDIMENTO:

Mescolare zucchero, lievito e farina in un contenitore (preferibilmente una ciotola). Dopo aver mescolato per 1-2 minuti, aggiungere uova e latte, continuare a mescolare e lasciare a riposare per 35 minuti. Successivamente, arrotolare il composto. In un altro contenitore mettere vaniglia, scorza di limone e il formaggio spalmabile con burro. Separatamente, unire i lamponi e l'amido di mais in un altro piattino e spargere sopra la crema di formaggio. Prendere l'impasto, dividerlo in piu' parti, ungerlo con l'olio spray e cuocere per 32 minuti a 170°C.

Nutrienti: Kcal: 263, Grassi: 6g, Fibre: 9g, Carboidrati: 7g, Proteine: 8g.

KALE BREAKFAST SANDWICH

Tempo di PROCEDIMENTO: 9 min
Tempo di cottura: 7 minuti
Porzioni: 2

INGREDIENTI:

Sale e pepe (quantità a piacere)
Ciotole di cavolo riccio strappate
4 cucchiaini di semi di zucca
1 cucchiaino da tè
Olio d'oliva
2 piccoli scalogni
2 fettine di avocado
Jalapeno
2 panini vegani
2 cucchiaini e ½ di maionese di avocado

PROCEDIMENTO:

Mettere il pepe, jalapeno, lo scalogno, il cavolo, il pepe, i semi di zucca all'interno della friggitrice unta con l'olio spray e pre-riscaldata a 190°C. Cuocere per 5 minuti e ½ . Tagliare i due panini vegani a metà, prendere la maionese di avocado e cospargere con la stessa i due panini, prendere le fette di avocado e aggiungerle, aggiungere la miscela di cavolo e e chiudere con l'altra metà del panino vegano. Buona colazione.

MARSHMALLOW CON BURRO D'ARACHIDI

Porzioni: 4

INGREDIENTI:

4 cucchiaini di burro di arachidi
4 fogli di pasta sfoglia
70g di burro (scioglierlo)
4 cucchiai di crema di marshmallow
Sale (quantità a piacere)

PROCEDIMENTO:

Prendere il burro e spargerlo su uno dei fogli di pasta sfoglia. Nel frattempo, accendere la friggitrice settata a 175°C. Prendere un altro foglio di pasta sfoglia, posarlo sopra il primo e cospargere ancora con il burro. Continua così fino a concludere i fogli di pasta sfoglia. Dividere tagliando la pasta sfoglia in 4 parti (strisce) da 6,5cm x 28cm. Sul lato inferiore della pasta sfoglia versare un cucchiaio di arachidi e uno di crema di marshmallow. Piegare la punta del foglio di pasta sfoglia esattamente dove hai inserito crema e burro e continuare a ripiegare a zig-zag. Prendere il burro avanzato e utilizzarlo per blindare gli estremi. Inserire all'interno della friggitrice ad aria e cuocere per 4 minuti e ½ o fino a quando non vedete il tutto gonfiarsi. Una volta estratto, guarnire con il sale.

MELA E PERE

Tempo di PROCEDIMENTO: 10 minuti
Tempo di cottura: 16 minuti
Porzioni: 12

INGREDIENTI:

8 mele sbucciate e tagliate a pezzi (rimuovere il torsolo)
2 cucchiaini di succo di limone
1 cucchiaino di zenzero macinato (macinato)
10 cucchiaini di stevia
2 cucchiaini di estratto di vaniglia
8 pere sbucciate e tagliate a pezzi (rimuovere il torsolo)
1 cucchiaino di chiodi di garofano (macinato)
1 cucchiaino di cardamomo (macinato)
2 cucchiaini di cannella in polvere

PROCEDIMENTO:

Prendere il succo di limone, la cannella, lo zenzero, il cardamomo, le mele, la stevia, l'estratto di vaniglia, le pere e i chiodi di garofano macinati ed inserire il tutto nella friggitrice ad aria. Mixare insieme tutto quanto e cuocere per 16 minuti a 175°C.

MIRTILLI E AVENA

Tempo di PROCEDIMENTO: 10 minuti
Tempo di cottura: 16 minuti
Porzioni: 4

INGREDIENTI:
1 tazza di avena tagliata in acciaio
2 cucchiai di agave
1 tazza di latte di cocco
1 tazza di mirtilli
Olio spray
½ cucchiaino di estratto di vaniglia

PROCEDIMENTO:

Ungere la friggitrice con l'olio spray. Inserire il nettare di agave, i mirtilli, la vaniglia, l'avena e il latte. Mischiare bene tutto e cuocere per 12 minuti a 175°C.

MISCELA DI CAROTE E PATATE

Tempo di PROCEDIMENTO: 10 minuti
Tempo di cottura: 15 minuti
Porzioni: 3

INGREDIENTI:

1 patata tagliata a quadretti
1 cucchiaino e ½ di latte di cocco
Mezza cipolla gialla (da tritare)
Sale e pepe Q.B. (a seconda del vostro gusto)
700g di carote tagliate a quadretti
½ cucchiaino di timo secco
½ cucchiaino di prezzemolo tritato
1 cucchiaino di curry (in polvere)
½ cucchiaino di formaggio vegano sbriciolato

PROCEDIMENTO:

Mettere le carote, il timo, le patate, la cipolla e il sale all'interno di una padella pronta ad essere inserite nella friggitrice ad aria. Mescolare il tutto, coprire la pentola e cuocere a 190°C per 15 minuti. Prendere il formaggio vegano, il latte di cocco e aggiungere entrambi al composto già pronto. Pronto!

MIX DI PATATE GRECHE

Tempo di PROCEDIMENTO: 30 min
Porzioni: 2 persone

INGREDIENTI:

2 patate medie tagliate a spicchi
1 cipolla gialla tritata
2 cucchiai di burro
1 carota piccola tritata
20g di farina
1 foglia di alloro
125g di brodo di pollo
2 cucchiai di yogurt greco
Sale e pepe Q.B.

PROCEDIMENTO:

Mettere il burro in una casseruola, scaldarla a fuoco alto (deve essere adatta alla grandezza della friggitrice ad aria), aggiungere la carota, la cipolla e mescolare il tutto cuocendo per 4 minuti. Prendete il sale, l'alloro, il pepe, il riso, le patate e il brodo di pollo e mescolare il tutto. Mettere tutto nella friggitrice cuocendo per 18 minuti a 150°C. In ultimo, aggiungere lo yogurt greco e mescolare.

Nutrienti: Kcal: 196, Grassi 2g, Fibre 4g, Carboidrati 5g, Proteine 7g

Capitolo 2: RICETTE PER IL PRANZO E LA CENA

ARANCINI SICILIANI

Tempo di PROCEDIMENTO: 30 minuti
Tempo di cottura: 10 minuti
Porzioni: 5

INGREDIENTI:

500 kg di riso
2 dadi al gusto di pollo
1 bicchiere di passata di pomodoro
Pepe q. B.
75 g di burro
Provolone
2 fettine di prosciutto
25 gr parmigiano grattugiato
0,75 litri di acqua
Uovo Pangrattato
Sale a piacimento

PROCEDIMENTO::

Far bollire l'acqua e poi aggiungere ¾ di sugo, i dadi, un pizzico di sale, il pepe ed il riso.
Cuocere il riso finche' l'acqua non è completamente assorbita.
Poi mettere il riso in una ciotola con burro e formaggio mescolando energicamente.
Tagliare prosciutto e provolone.
Modellare gli arancini e mettere al centro il provolone, il prosciutto e la passata di pomodoro.
Preriscaldare la friggitrice a 180° per 5 minuti e nel frattempo, passare gli arancini prima nell'uovo e poi nel pangrattato (preparati in un piatto precedentemente).
Inserire gli arancini nel robot da cucina e far cuocere per 10 minuti.

Nutrienti: Calorie: 433 Grassi: 22gr Carboidrati: 46gr Proteine: 12gr

BAGELS

Tempo di PROCEDIMENTO: 20 min
Tempo di cottura: 15 minuti
Porzioni: 2

INGREDIENTI:

Per i bagels:
Contenitore monodose di yogurt
55 gr di purè di zucca
1 cucchiaino di aglio in polvere
120 gr di farina d'avena
1 cucchiaino di lievito in polvere
1 cucchiaino di cipolla in polvere
1 cucchiaino di sale

Per il rivestimento:
Fiocchi di aglio secchi
Latte di mandorla non zuccherato
Fiocchi di cipolla secca

PROCEDIMENTO:

In una ciotola mischiare tutti gli INGREDIENTI: utilizzando anche le mani, se necessario, per amalgamare egregiamente.
Dividere l'impasto in 5 parti, arrotolare ogni pezzo e chiudere le estremità per creare un cerchio.
Spennellare la superficie con latte di mandorla, poi cospargere con i fiocchi di cipolla ed i fiocchi d'aglio.
Oliare la friggitrice e cuocere per 15 minuti a 180é.

Nutrienti: Kcal: 350.

BUCATINI ALL'AMATRICIANA

Tempo di PROCEDIMENTO: 15 min
Tempo di cottura: 15 min
Porzioni: 1

INGREDIENTI:

100 gr di bucatini trafilati al bronzo (per porzione)
150 gr di guanciale romano DOP
1 cipolla bianca
13-17 pomodori ciliegini di stagione
Olio d'oliva extra vergine
Pepe nero macinato
Sale q.b.

PROCEDIMENTO:

Riempire una pentola con acqua e far bollire a fiamma medio- alta.
Una volta bollita, aggiungere i bucatini ed il sale.
Preriscaldare la friggitrice a 200°, una volta raggiunti abbastanza di 20°.
Nel frattempo, lavare e affettare la cipolla bianca, per poi soffriggerla con un filo d'olio.
Una volta raggiunta la doratura, versare nella padella il guanciale romano e condire con il pepe.
Tagliare i pomodorini in 4 ed aggiungerli alla cottura in padella.
Una volta cotta la pasta (seguire le indicazioni sulla confezione) e cotto il condimento, inserire il tutto in friggitrice mantecando energicamente.
Proseguire la cottura per 4 minuti ed infine dividere la pasta nei piatti, aggiungendo una manciata di pepe nero ed un filo d'olio.

CALZONE CLASSICO

Tempo di PROCEDIMENTO: 30 min
Tempo di cottura: 15 minuti
Porzioni: 4

INGREDIENTI:

170 gr di mozzarella a listarelle
50 gr di farina di mandorle
30 gr di crema di formaggio
1 uovo grande
4 uova strapazzate
230 gr di salsiccia, sbriciolata
8 fette di cheddar

PROCEDIMENTO:

In una ciotola inserire mozzarella, farina di mandorle e crema di formaggio e scaldare in microonde per 1 minuti.
Mescolare finche' non sarà un composto ben amalgamato, poi aggiungere l'uovo e mescolare fino a formare un panetto.
Stenderlo allo spessore di 5 cm e tagliarlo in 4 rettangoli.
Mescolare uova strapazzate e salsiccia in una ciotola e poi dividere il composto su ogni rettangolo di impasto, mettendo anche 2 fette di cheddar.
Piegare il rettangolo di pasta e pizzicare gli angoli, aiutandovi anche con una forchetta bagnata.
Coprire il cestello della friggitrice con la carta forno ed inserire i calzoni.
Cuocere per 15 minuti a 190°.

Nutrienti:: Kcal: 560, Proteine: 34.5g, Fibre: 1.5g, Carboidrati netti: 4.2g, Grassi: 41.7g, Sodio: 930 mg, Carboidrati: 5.7g, Zuccheri: 2.1g.

CARAMELLE ALLE PERE E NOCI

Tempo di PROCEDIMENTO: 1h e 10 minuti
Tempo di cottura: 15 minuti
Porzioni: 4

INGREDIENTI:
350 gr pasta fresca all'uovo
3 pere
1 ciuffo basilico
1 uovo
Sale
100 ml vino bianco
1 ciuffo prezzemolo
100 gr formaggio grattugiato
50 gr mascarpone
50 gr gherigli noci
250 ml besciamella
Farina 00
Pepe

PROCEDIMENTO:

Iniziare tagliando a pezzi le 2 pere ed inserire in una ciotola con il vino bianco e un po' d'acqua e far cuocere per 20 minuti a fuoco medio. Schiacciare le pere nel passaverdure e poi lasciarle raffreddare. Aggiungere il formaggio grattugiato, l'uovo, il mascarpone, i gherigli di noce ed un pizzico di sale e pepe continuando a mescolare bene.

Su un piano da lavoro infarinato stendere la pasta creando una sfoglia sottile e poggiatevi le palline di ripieno.
Tagliare la pasta in riquadri e ripiegarla andando a formare delle caramelle.
Bollire la pasta in una pentola con acqua bollente.
Condite con la besciamella e far cuocere nel vostro robot da cucina a 180° per 10 minuti.

CAVOLO ROSSO FRITTO

Tempo di PROCEDIMENTO: 25 min
Tempo di cottura: 15 minuti
Porzioni: 4

INGREDIENTI:

2 spicchi d'aglio tritati
25 gr di cipolla gialla tritata
1 cucchiaio di olio d'oliva
535 gr di cavolo rosso tritato
240 ml di brodo vegetale
1 cucchiaio di aceto di mele
250 gr di salsa di mele
Sale e pepe q. B

PROCEDIMENTO:

Mischiare in un piatto il cavolo con l'aglio, l'olio, il brodo, la cipolla, l'aceto, salsa di mele, sale e pene e mescolare bene fino ad amalgamare. Inserire in friggitrice e cuocere per 15 minuti a 190é.

Nutrienti:: Kcal: 172, Grassi: 7 g, Fibre: 7 g, Carboidrati: 14 g, Proteine: 5 g.

CHEESEBURGER

Tempo di PROCEDIMENTO: 30 min
Tempo di cottura: 20 minuti
Porzioni: 2

INGREDIENTI:

340 g di carne di manzo magra macinata
1 cucchiaio di ketchup
30 g di cipolla tritata
2 cucchiaini di senape
Sale e pepe q.b.
2 fettine di formaggio cheddar
2 panini per hamburger tagliati a metà

PROCEDIMENTO:

Mischiare la carne con il ketchup, la senape, sale e pepe e la cipolla in una scodella, per poi creare 4 hamburger aiutandovi con le mani.
Preriscaldare la friggitrice a 190°.
Dividere il formaggio sugli hamburger, poi inserirli in friggitrice e lasciar cuocere per 20 minuti.
Dividere gli hamburger su due panini.

COTOLETTA DI POLLO

TEMPO DI PROCEDIMENTO: 10 minuti
TEMPO DI COTTURA: 10/15 minuti
PORZIONI: 4

INGREDIENTI:

600 gr di petto di pollo
2 uova
200 gr di pangrattato
Olio di oliva q.b.
1 pizzico di sale

PROCEDIMENTO:

Sbattere due uova in un piatto aiutandovi con una forchetta e condire con un pizzico di sale.
In un altro piatto preparare il pangrattato.
Impanare le fettine di carne prima nell'uovo e poi nel pangrattato.
Oliare entrambi i lati e poi inserire in friggitrice per 7 minuti a 180°.
Una volta cotte, condire con un po' di sale e servire.

NUTRIENTI: carboidrati: 1 gr; proteine: 42 gr; grassi: 6 gr

CROCCHETTE DI RISO

Tempo di PROCEDIMENTO: 1 h circa
Tempo di cottura: 14 minuti
Porzioni: 6

INGREDIENTI::

500 gr di Riso Carnaroli
Olio extravergine d'oliva
155 gr di Prosciutto cotto in un'unica fetta
180 gr di Mozzarella
Brodo vegetale
Scalogno
Parmigiano grattugiato
Olio di semi di arachidi
2 Uova
Sale q.b.
Pepe nero q.b.
Pangrattato q.b.

PROCEDIMENTO:

Far soffriggere cipolla, sedano e carota.
Aggiungere l'acqua fino a coprire e far cuocere per 60 minuti a fuoco basso.
In una padella a parte unire olio extravergine, scalogno tritato e del brodo facendo appassire il tutto.
Poi aggiungere il riso e far cuocere aggiungendo il brodo man mano in modo che non si secchi.

Una volta cotto, distendere il riso in un piatto.
Disfare la mozzarella e strizzarla.
Tagliare il prosciutto cotto a dadini.
In una ciotola a parte mischiare il riso, un uovo, un po' di parmigiano grattugiato, sale e pepe.
Formare le crocchette con le mani, inserendo al centro prosciutto e mozzarella, poi passarle prima nell'uovo e poi nel pangrattato.
Cospargerle d'olio e inserirle in friggitrice a 200° per 14 minuti.

LASAGNE ALLA BOLOGNESE

Tempo di PROCEDIMENTO: 10 minuti
Tempo di cottura: 40 minuti
Porzioni: 2

INGREDIENTI:
4 sfoglie di pasta fresca per lasagne
160 gr di sugo alla bolognese
130 gr di besciamella
50 gr di formaggio grattugiato a scelta

PROCEDIMENTO:

Preriscaldare il robot da cucina a 180°.
Rivestire una pirofila con carta da forno e spalmare il primo strato di besciamella, poi mettere la prima sfoglia.
Comporre così: strato di ragù, strato di besciamella e strato di pasta.
In superficie spolverare del formaggio grattugiato.
Cuocere per 40 minuti.

MELANZANE CON PROSCIUTTO E MOZZARELLA

TEMPO DI PROCEDIMENTO: 10/12 minuti
TEMPO DI COTTURA: 30 minuti
PORZIONI: 2

INGREDIENTI:

Melanzane lunghe
155 gr Prosciutto cotto
Olio di oliva q.b.
Sale q.b.
Origano q.b.
150 gr di mozzarella a pezzo
Pomodori

PROCEDIMENTO::

Iniziare lavando e sbucciando le melanzane e tagliarle a fette.
Condire con un pizzico di sale, oliare e aggiungere un pizzico di origano.
Farcire con una fetta di pomodoro, una di prosciutto e una di mozzarella.
Inserire le melanzane in friggitrice e cuocere a 180° per 15 minuti, poi aumentare a 200° per altri 5 minuti.

NUTRIENTI: carboidrati: 15 gr; proteine: 27 gr; grassi: 17 GR

MINI CROISSANT AI WURSTEL

TEMPO DI PROCEDIMENTO: 7 minuti
TEMPO DI COTTURA: 8 minuti
PORZIONI: 4

INGREDIENTI::

Un rotolo di pasta sfoglia
2 wurstel
Semi di sesamo neri
1 uovo
50 gr di fontina grattugiata
Semi di sesamo bianchi

PROCEDIMENTO::

Srotolare la pasta sfoglia e tagliarla in triangoli.
Tagliare i wurstel.
Mettere al centro di ogni triangolo 1 rondella di wurstel e poi aggiungere un po' di fontina grattugiata.
Arrotolare e formare dei cornetti.
Cuocere in friggitrice a 180° per 6 minuti, dopo aver ricoperto i cornetti per con i semi di sesamo.

NUTRIENTI: CARBOIDRATI:27 GR; PROTEINE: 19 GR; GRASSI:39 GR

PADELLATA DI MAIS

Tempo di PROCEDIMENTO: 10 minuti
Tempo di cottura: 15 minuti
Porzioni: 4

INGREDIENTI:

300g di mais
3 cucchiai di farina
2 cucchiai di burro
1 uovo
60ml di latte
100ml di panna leggera
Olio d'oliva
60g di formaggio svizzero grattugiato
Sale, pepe nero a piacere

PROCEDIMENTO:

Mescolare il mais con latte, farina, uovo, panna, formaggio, burro e sale e pepe.
Ungere il cestello con olio d'oliva, inserire il composto e cuocere a 160° per 15 minuti.

Nutrienti: calorie 281, grassi 7, fibre 8, carboidrati 9, proteine 6

PAELLA DI PESCE

Tempo di PROCEDIMENTO: 30 minuti
Tempo di cottura: 40 minuti
Porzioni: 5

INGREDIENTI:

2 peperoni
4 spicchi d'aglio
100 grammi di calamari
Pepe q. B.
Olio d'oliva
1 cipolla
200 grammi di cozze o vongole
300 grammi di riso per paella
2 limoni
Prezzemolo fresco q. B.
Sale q. B.
0,4 l di passata di pomodoro
0,8 litri d'acqua
2 dadi al pollo
12 gamberi grandi, sgusciati

PROCEDIMENTO:

Iniziare pulendo le cozze e le vongole.
Bollire l'acqua e aggiungere i dati per fare il brodo.
Nel frattempo, pulire e tagliare peperoni, pelare l'aglio e la cipolla e tagliarli a pezzi piccoli e tritare il prezzemolo.
Preriscaldare la friggitrice a 160°.
Sgusciare i gamberi, pulire i calamari e tagliarli a rondelle.
Mettere nel cestello i peperoni a pezzi, l'aglio, la cipolla, il prezzemolo, il sale e il pepe e far cuocere per 10 minuti, alzando la temperatura a 180°.
Dopo qualche minuto aggiungere il riso, le cozze e le vongole.
Passati altri 5 minuti aggiungere la passata di pomodori, il brodo, i gamberi ed i calamari. Lasciar cuocere per un'altra mezz'ora.
Servire con fettine di limone.

Nutrienti:: Calorie: 215 Grassi: 9gr Carboidrati: 21gr Proteine: 12gr

PANINO ALLE MELANZANE

Tempo di PROCEDIMENTO: 30 minuti
Tempo di cottura: 30 minuti
Porzioni: 2

INGREDIENTI:

1 melanzana, affettata
2 cucchiaini di prezzemolo secco
Una manciata di basilico, tritato
Sale e pepe nero a piacere
½ tazza di pangrattato vegano
4 fette di pane
½ cucchiaino di aglio in polvere
½ cucchiaino di cipolla in polvere
2 cucchiai di latte di mandorla
½ tazza di maionese di avocado
¾ di tazza di salsa di pomodoro

PROCEDIMENTO:

Lasciar riposare le fette di melanzane per 30 minuti, dopo averle condite con sale e pepe.
In un'altra ciotola, mischiare prezzemolo con pangrattato, la cipolla, l'aglio in polvere, il sale e il pepe nero mescolando con forza.
Versare sulle fette di melanzane il mix di maionese, poi immergerle nel pangrattato.
Poggiare le melanzane sul cestello della friggitrice ricoperto di carta da forno, oliare leggermente e cuocere a 200° per 15 minuti.
Inserire le melanzane sulle fette di pane, spalmare la salsa di pomodoro e il basilico e coprire con le altre fette.

Capitolo 3: RICETTE PER CONTORNI, SPUNTINI E ANTIPASTI

AGLIO ARROSTITO

Tempo di preparazione: 20 min circa
Tempo di cottura: 20 minuti
Porzioni: 1

INGREDIENTI:
1 testa d'aglio
10 ml di olio di avocado

PROCEDIMENTO:

Rimuovere la buccia dall'aglio e tagliarne le estremità, poi spruzzare con l'olio di avocado.
Chiudere la testa d'aglio in un foglio di alluminio ed inserirlo nel cestello della friggitrice per cuocere a 200° per 30 minuti.
Alla fine l'aglio dovrà apparire dorato.

NUTRIENTI: Kcal: 11, Proteine: 0.2 g, Fibre: 0.1 g, Carboidrati Netti: 0.9 g, Grassi: 0.7 g, Sodio: 0 mg, Carboidrati: 1.0 g, Zuccheri: 0.0 g.

AGNELLO TIKKA

Tempo di preparazione: 25 min
Tempo di cottura: 1h e 30 minuti
Porzioni: 2

INGREDIENTI:
Per il ripieno:

30 gr di coriandolo verde fresco
2 cucchiai di succo di limone
15 gr di foglie di menta
2 cucchiaini di finocchio
1 cipolla piccola
Sale q. B

500 gr di agnello a fette
1 peperone grande, a cubetti grandi
1 cipolla tagliata in 4
2 cucchiai di farina di ceci
Un pizzico di sale

PROCEDIMENTO:

Iniziare preparando il chutney mescolando tutti gli INGREDIENTI: in un mixer fino a formare una pasta densa.
Dividere la pasta in due ed inserire le fette di agnello nella prima metà.
Con l'altra metà aggiungere sale e farina di ceci e poi aggiungere i pezzetti di agnello.
Aggiungere la cipolla e mettere insieme ai pezzetti di agnello su uno stuzzicadenti lungo.

Preriscaldare la friggitrice a 140° per circa 5 minuti, poi cuocere a 80° per un'ora e 30 minuti.

Nutrienti: Kcal: 256.

AVOCADO RIPIENO

Tempo di preparazione: 10 minuti
Tempo di cottura: 16 minuti;
Porzioni 2-3

INGREDIENTI:
2 avocado medi
1 pizzico di sale
1 tazza di lenticchie crude
Mostarda
1 tazza di pangrattato
Prezzemolo

PROCEDIMENTO:

Preparare acqua bollente per cuocere le lenticchie a fuoco alto e poi frullarle.
Mescolarle con il pangrattato ed aggiungere un cucchiaino di mostarda, poi condire con sale e pepe.
Far riposare il tutto per 10 minuti.
Preparare gli avocado tagliandoli a metà e rimuovere buccia e nocciolo.
Disporli su una teglia con carta da forno e cuocere nella friggitrice a 170° per 16 minuti.

Nutrienti: Calorie: 162, Grassi Totali: 8.5g, Carboidrati Totali 35g, Proteine 38.8g, Fibre: 1.1g

BARCHETTE DI BANANA CON MARSHMALLOW

Tempo di preparazione: 11 min circa
Tempo di cottura: 6 minuti
Porzioni: 4

INGREDIENTI:

14 gr. Di mini marshmallow
40 gr. Di cracker (tipo graham)
4 banane
14 gr. Di mini chicche di burro d'arachidi
40 gr. Di pepite di cioccolato semi-dolce

PROCEDIMENTO:

Preriscaldare il robot da cucina a 200°.
Tagliare per la lunghezza il lato interno delle banane, ma non arrivando alla fine. (non sbucciare le banane)
Aprire le fessure tagliare e riempirle con crackers, marshmallows, chicche di burro di arachidi e ciccolato.
Inserire le banane nel cestello e far cuocere per 6 minuti.
Buon Appetito!

Nutrienti: Kcal: 230.

BARRETTE DI CAVOLFIORE

Tempo di preparazione: 15 minuti
Tempo di cottura: 28 minuti
Porzioni: 12

INGREDIENTI:

1 testa di cavolfiore e cime separate
75g di mozzarella tritata
55g di albume d'uovo
1 cucchiaino di spezie a piacere
Sale e pepe nero a piacere

PROCEDIMENTO:

Prendere le cime di cavolfiore e distribuirle su una teglia che si adatta alla vostra friggitrice ad aria, introdurre nella friggitrice e cuocere a 180° per 10 minuti.
Trasferirle in una ciotola, aggiungere pepe, sale, albume d'uovo e formaggio e mescolarle bene, mettere il tutto in una padella che si adatti alla vostra friggitrice ad aria, premere bene, introdurle nella friggitrice e cuocere a 180° per altri 15 minuti.
Tagliate in 12 tavolette, organizzatele su un piatto e servitele come spuntino!

Nutrienti: calorie 50, grassi 1, fibre 2, carboidrati 3, proteine 3

BASTONCINI DI PANE

Tempo di preparazione: 10 minuti
Tempo di cottura: 10 minuti
Porzioni: 4

INGREDIENTI:

8 fette di pane, ciascuna tagliata in 4 bastoncini
2 cucchiaini di cannella in polvere
½ tazza di zucchero di canna
4 uova
½ di tazza di latte
2 cucchiaini di miele
2 cucchiaini di cannella in polvere
Noce moscata

PROCEDIMENTO:

In una ciotola mescolare le uova con il latte, la cannella, un pizzico di noce moscata il miele e lo zucchero di canna e sbattere bene.
Immergere i grissini in questa miscela (le 8 fette di pane tagliate in 4)
Metterli nel cestello della friggitrice e farli cuocere a 180° per 10 minuti.
Buon appetito!

BAVETTE ARROTOLATE

Tempo di preparazione: 30 min
Tempo di cottura: 10 minuti

INGREDIENTI:

230 gr di pasta sfoglia
1 confezione da 240 gr di bavette cocktail

PROCEDIMENTO:

Sciacquare la carne e tamponarla con carta da cucina.
Tagliare l'impasto in strisce rettangolari e arrotolare le strisce attorno alla carne lasciando visibili le estremità.
Mettere in freezer per 5 minuti in modo che si rassodino mentre preriscaldate la friggitrice a 160°.
Inserire gli involtini nel cestello e cuocere per 7 minuti, poi reimpostare la temperatura a 200° e cuocere per altri 3 minuti.
Servire caldi.

Nutrienti: Kcal: 155.

BOCCONCINI DI FORMAGGIO DI CAPRA

TEMPO DI PREPARAZIONE: 10 minuti
TEMPO DI COTTURA: 3-5 minuti
Porzioni: 2

INGREDIENTI:

1 cipollotto tagliato ad anelli sottili
2 cucchiai di prezzemolo tagliato finemente
5 fogli di pasta fillo scongelata
Sale e pepe q.b.
1 tuorlo d'uovo
Formaggio

PROCEDIMENTO:

Mescolare il tuorlo d'uovo con il formaggio, il cipollotto ed il prezzemolo e condire con sale e pepe a piacere in una ciotola.
Tagliare ogni foglio di pasta fillo in tre strisce e piegate la parte superiore della pasta sul ripieno a formare un triangolo.
Utilizzare lo stesso PROCEDIMENTO: per riempire di formaggio le altre strisce di pasta fillo.
Riscaldare la friggitrice ad aria a 200 ° e oliare le sfogliatine prima di disporle nel cestello e cuocerle per 3 minuti circa.

NUTRIENTI: carboidrati: 15 gr; proteine: 9 gr; grassi: 12 gr
INGREDIENTI: PER 2 PERSONE 100 gr di formaggio di capra 1 tuorlo d'uovo

BROCCOLI ALLA PAPRIKA

Tempo di preparazione: 10 minuti
Tempo di cottura: 20 minuti
Porzioni: 4

INGREDIENTI:
1 testa di broccolo, cimette separate
1 cucchiaio di semi di sesamo
Succo di ½ limone
3 spicchi d'aglio, tritati
1 cucchiaio di olio d'oliva
2 cucchiaini di paprika
Sale e pepe nero a piacere

PROCEDIMENTO:

Mescolare i broccoli con olio, sale, pepe e aglio e succo di limone in un recipienti.
Inserire in friggitrice e cuocere a 360° per 15 minuti.
Poi cospargere di semi di sesamo.

BROCCOLI ARROSTO

TEMPO DI PREPARAZIONE: 4 minuti
TEMPO DI COTTURA: 10 minuti
PORZIONI: 3

INGREDIENTI:

1 broccolo grande
3 gr di aglio in polvere
20 ml di olio d'oliva
4 gr di sale
1 gr di pepe nero

PROCEDIMENTO::

Preriscaldare la friggitrice a 150°.
Oliare i broccoli e mescolarli con i restanti condimenti per poi inserirli in friggitrice preriscaldata.
Selezionare il programma "verdure" e lasciar cuocere per 10 minuti
Servire caldi

NUTRIENTI: carboidrati: 4 gr; proteine: 4 gr; grassi: 3,5 gr

BURSAKA

Tempo di preparazione: 20 minuti
Tempo di cottura: 30 minuti
Porzioni: 4

INGREDIENTI:

4 uova
500 ml. Kefir
500-800 ml. Di olio di girasole
1 cucchiaio di sale
5 g. Lievito secco
4 cucchiai di olio di girasole
1 cucchiaino di soda
1 kg. Di farina

PROCEDIMENTO::

Mischiare yogurt, sale e uova utilizzando una frusta a mano. Poi aggiungere la soda e l'aceto, infine la farina ed il lievito secco e lavorare l'impasto.
Coprire l'impasto e lasciarlo riposare mezz'ora.
Stendere la pasta in modo che sia spessa 1 cm, poi ungerlo e inserire in friggitrice per 30 minuti a 200°.

CARCIOFI RIPIENI

TEMPO DI PREPARAZIONE: 15 minuti
TEMPO DI COTTURA: 20 minuti
PORZIONI: 2

INGREDIENTI::

2 carciofi
10 gr di capperi in salamoia
15 gr di pangrattato
15 gr di pecorino grattugiato
Alcune foglie di menta
1 uovo
50 gr di tonno sott'olio
1 ciuffo di prezzemolo
Sale Pepe
Olio d'oliva

PROCEDIMENTO::

Tagliare le punte spinose e le foglie più dure dei carciofi per poi aprirli al centro e lavarli sotto acqua corrente ed infine lasciarli scolare su carta assorbente.
Scolare il tonno ed i capperi (tritare finemente quest'ultimi), lavare e asciugare il prezzemolo e poi tritarlo finalmente.
Sbattere poi l'uovo ed aggiungere il pangrattato ed il pecorino continuando a mescolare.
Aggiungere il trito di capperi, il prezzemolo il tonno e condire con l'olio d'oliva, il sale ed il pepe quanto basta continuando ad amalgamare il tutto mescolandolo.
Adagiare i carciofi in una pirofila oliata e salare leggermente l'interno degli stessi per poi distribuirvi il ripieno.

NUTRIENTI: CARBOIDRATI 8 GR; PROTEINE 12 GR; GRASSI 10 GR

CAROTE CROCCANTI

TEMPO DI PREPARAZIONE: 5 minuti
TEMPO DI COTTURA: 15 minuti
PORZIONI: 2

INGREDIENTI::

10 carote
1 cucchiaino di olio d'oliva
1 ciuffo di prezzemolo
Sale q.b.

PROCEDIMENTO::

Tagliare le carote dopo averle lavate e sbucciate e poi versare qualche goccia d'olio nelle carote.
Inserire le carote nella friggitrice ad aria calda e impostare a 190° per 15 minuti.

NUTRIENTI: carboidrati: 11 gr; proteine: 0 gr; grassi: 1 gr

CAVOLETTI DI BRUXELLES CREMOSI

Tempo di preparazione: 5 minuti
Tempo di cottura: 12 minuti
Porzioni: 4

INGREDIENTI:

500 Gr. Di cavoletti di Bruxelles, tagliati
Sale e pepe nero a piacere
2 cucchiai di crema di cocco
1 cucchiaio di senape
2 cucchiai di aneto, tritato

PROCEDIMENTO::

Inserire i cavoletti di Bruxelles in friggitrice e cuocere per 13 minuti a 175°.
Mescolare panna, senape, sale, pepe e aneto in una ciotola.
Aggiungere i cavoletti e far saltare.
Buon Appetito!

CAVOLFIORE FRITTO AD ARIA CON SCIROPPO D'ACERO

Tempo di preparazione: 5 minuti
Tempo di cottura: 20 minuti;
Porzioni 3

INGREDIENTI:

4 tazze di cime di cavolfiore
2 cucchiai di sciroppo d'acero
2 cucchiai di sriracha
2 cucchiai di olio di oliva
½ cucchiaio di salsa di soia
½ cucchiaino di pepe nero

PROCEDIMENTO:

Oliare una teglia con dell'olio e preriscaldare il robot da cucina a 200°.
In una ciotola mescolare il cavolfiore con sciroppo d'acero, salsa tamari, sriracha, olio d'oliva e pepe.
Mescolare bene gli INGREDIENTI: finche' viene coperto totalmente il cavolfiore.
Inserire il cavolfiore nella teglia ed inserire nel cestello della friggitrice per cuocere a 190° per 20 minuti.

Nutrienti: Calorie: 115.1, Grassi Totali: 7g, Carboidrati Totali 12.7g, Proteine 2.6g, Fibre: 1.2g

CERVO ALL'AGLIO

Tempo di preparazione: 20 min
Tempo di cottura: 15 minuti
Porzioni: 2

INGREDIENTI:

450 gr di carne di cervo disossato e tagliato a bastoncini
2 cucchiaini di concentrato di aglio
2 cucchiaini di origano
240 gr di pangrattato
2 cucchiaini di fiocchi di peperoncino
Marinata:
1 cucchiaio e ½ di concentrato di aglio
4 cucchiai di succo di limone
6 cucchiai di farina di mais
4 uova
3 cucchiaini di sale
1 cucchiaino di peperoncino in polvere

PROCEDIMENTO:

Iniziare mescolando tutti gli INGREDIENTI: della marinata, per poi inserire la carne all'interno e lasciar riposare tutta la notte.
Mescolare pangrattato, peperoncino e origano e poi disporre sul composto i bastoncini.
Coprire con pellicola trasparente e preriscaldare la friggitrice per 5 minuti a 70°.
Inserire il tutto nella friggitrice e cuocere per 15 minuti.
Versare la salsa d'aglio e servire!

Nutrienti: Kcal: 230.

CHEBUREKI IN PASTELLA

Tempo di preparazione: 15 min
Tempo di cottura: 10 minuti
Porzioni: 3

INGREDIENTI:

450 gr di farina
350 ml di acqua
Sale a piacere
Ripieno:
500 gr di ripieno carne di manzo
1 cipolla
Sale e pepe q. B
Olio di semi di girasole

PROCEDIMENTO:

Iniziare facendo bollire l'acqua in una pentola.
Versare 150gr di farina e mescolare per un minuto, a fuoco lento.
Lasciar raffreddare per poi aggiungere il resto della farina ed impastare.
Mischiare la carne con la cipolla tritata e condire con sale e pepe.
Formare i chebureki e friggere per 10 minuti a 180°.

Nutrienti: Kcal: 190, Grassi: 1g, Proteine: 2g.

CHEESEBURGER

Tempo di preparazione: 30 min
Tempo di cottura: 20 minuti
Porzioni:

INGREDIENTI:

340 g di carne di manzo magra macinata
1 cucchiaio di ketchup
30 g di cipolla tritata
2 cucchiaini di senape
Sale e pepe q.b.
2 fettine di formaggio cheddar
2 panini per hamburger tagliati a metà

PROCEDIMENTO:

Mescolare in una ciotola la carne con ketchup, senape, cipolla e sale e pepe.
Creare con le mani 4 hamburger e dividere il formaggio sugli hamburger.
Preriscaldare il vostro robot da cucina a 190° e poi cuocere per 20 minuti.
Dividere gli hamburger nei 2 panini.
Buon appetito!

Nutrienti: Kcal: 261, Grassi: 6g, Fibre: 10g, Carboidrati: 20g, Proteine: 6g.

CHENJEH

Tempo di preparazione: 30 min
Tempo di cottura: 30 minuti
Porzioni: 2

INGREDIENTI:

900 gr di carne di montone a pezzetti
3 cipolle tritate
5 peperoncini verdi tritati grossolanamente
1 cucchiaio e ½ di concentrato di zenzero
1 cucchiaino e ½ di concentrato di aglio
1 cucchiaino e ½ di sale
3 cucchiaini di succo di limone
2 cucchiaini di garam masala
4 cucchiai di coriandolo tritato
3 cucchiai di panna
2 cucchiai di coriandolo in polvere
4 cucchiai di menta tritata
3 cucchiai di peperone tritato
2 cucchiai di semi di sesamo
3 uova

PROCEDIMENTO:

Mescolare tutti gli INGREDIENTI: secchi in un recipiente e trasformare il composto in una pasta densa per poi coprire con i cubetti di montone.
Inserire le uova in una ciotola e poi aggiungere il sale, ed immergere i cubetti nel composto delle uova.

Cospargere di semi di sesamo e lasciar riposare in frigo per 1 ora.
Preriscaldare il vostro robot da cucina a 140° per 5 minuti, poi inserire gli spiedini e far cuocere per altri 25 minuti.
Servire con chutney alla menta.

Nutrienti: Kcal: 278.

CHIPS DI CAVOLO NERO

Tempo di preparazione: 10 min circa
Tempo di cottura: 5 minuti
Porzioni:

INGREDIENTI:

120 gr. Di cavolo nero al vapore
Un pizzico di sale
10 ml. Di olio di avocado

PROCEDIMENTO::

Iniziare facendo saltare il cavolo nell'olio di avocado ed aggiungere il sale.
Inserire nel cestello della friggitrice e cuocere per 5 minuti a 200°

NUTRIENTI: Kcal: 25, Proteine: 0.5 g, Fibre: 0.4 g, Carboidrati Netti: 0.7 g, Grassi: 2.2 g, Sodio: 295 mg, Carboidrati: 1.1 g, Zuccheri: 0.3 g.

CIME DI BROCCOLO FRITTE AD ARIA

Tempo di preparazione: 8 minuti,
Tempo di cottura: 20 minuti;
Porzioni 5

INGREDIENTI:

1 broccolo grande
2 cucchiai di salsa Maggi
1 cucchiaio di grasso d'anatra
1 cucchiaino di semi di sesamo
½ limone
1 cucchiaino di aglio in polvere

PROCEDIMENTO::

Lavare i broccoli e tagliare le cime in base alle proprie preferenze.
Sciogliere il grasso d'anatra in microonde.
In una ciotola mescolare broccoli, salsa Maggi, grasso d'anatra e succo di limone.
Riscalda il robot da cucina a 160°.
Inserire i broccoli nel cestello e cuocere per 20 minuti.
Dopo 20 minuti aggiungere i semi di sesamo e cuocere per altri 5 minuti.
Servire caldo

Nutrienti: Calorie 98, Grassi Totali: 4.6g, Carboidrati Totali 11.2g, Proteine 4.8g, Fibre: 4.2g

CLUB SANDWICH DI PESCE

Tempo di preparazione: 30 min
Tempo di cottura: 15 minuti
Porzioni: 2

INGREDIENTI:

4 fettine di pane bianco
15 gr di burro morbido
1 scatoletta di tonno
1 peperone piccolo

PROCEDIMENTO:

Tagliare i bordi alle fette di pane e tagliare orizzontalmente.
Riscaldare gli INGREDIENTI: della salsa e poi aggiungere il pesce e mescolare molto bene.
Tagliare a listarelle il peperone dopo averlo pulito.
Mischiare gli INGREDIENTI: e aggiungerli alle fette di pane.
Preriscaldare la friggitrice per 5 minuti a 160°, poi aggiungere i toast e cuocere a 120° per 10 minuti.

CONTORNO LEGGERO DI MELANZANE

Tempo di preparazione: 10 minuti
Tempo di cottura: 12 minuti
Porzioni: 5

INGREDIENTI:

8 melanzane baby, scavate al centro
Sale e pepe nero a piacere
Un pizzico di origano secco
1 cipolla gialla, tritata
1 peperone verde, tritato
1 cucchiaio di concentrato di pomodoro
1 pomodoro tritato
1 mazzo di coriandolo, tritato ½ cucchiaino di aglio in polvere
1 cucchiaio di olio d'oliva

PROCEDIMENTO::

Scaldare una padella di piccole dimensioni con l'olio e poi aggiungere la cipolla.
Aggiungere sale, origano, pepe, polpa di melanzana, concentrato di pomodoro, aglio, coriandolo e pomodoro tritato.
Cuocere per altri 4 minuti e farcire le melanzane con questo composto.
Inserire in friggitrice per 8 minuti a 360°.

COTOLETTE DI PATATE

Tempo di preparazione: 18 min
Tempo di cottura: fino a duratura
Porzioni: 2

INGREDIENTI:

2 patate
20 gr di formaggio stagionato
5 gr di verdura cucchiaini di pepe
30 gr di pangrattato
2 uova
4 cucchiai di olio vegetale

PROCEDIMENTO:

Iniziare bollendo le patate e condire con sale e pepe per poi preparare il purè.
Mescolare il purè assicurandovi che sia abbastanza densa.
Grattugiare il formaggio, tagliare il prosciutto e affettare le verdure per inserire il tutto nel purè e mescolare.
Formare, aiutandovi con le mani, delle crocchette ed intingerle nell'uovo e nel pangrattato per poi cuocerle in friggitrice a 150° fino a doratura.

Nutrienti: Kcal: 200, Grassi: 1g, Proteine: 2g.

CRACKERS AL PESTO

Tempo di preparazione: 35 min
Tempo di cottura: 15 minuti
Porzioni: 12

INGREDIENTI:

1 testa di cavolfiore grande
Sale e pepe q.b.
115 gr di mozzarella tagliuzzata
1 albume d'uovo

PROCEDIMENTO:

Separare le cime dalla testa di cavolfiore.
Inserire il cavolfiore nella friggitrice spargendoli su una teglia foderata e far cuocere a 360° per 10 minuti.
Mettere il cavolfiore in una ciotola ed aggiungere sale, formaggio, pepe e albumi mescolando bene.
Distribuire in una teglia rettangolare ed inserire nella friggitrice per 15 minuti a 180°.
Dividere in strisce e servire come spuntino!

Nutrienti: Kcal: 50, Grassi: 1g, Fibre: 2g, Carboidrati: 3g, Proteine: 3g.

CROCCHETTE DI CHEDDAR

Tempo di preparazione: 20 minuti
Tempo di cottura: 10 minuti
Porzioni: 6

INGREDIENTI:

500 Gr. Di formaggio cheddar
1 tazza di farina
500 Gr. Di pancetta
1 cucchiaio di olio d'oliva
1 tazza di pangrattato panko
2 uova, sbattute

PROCEDIMENTO::

Iniziare affettando il cheddar e avvolgere una fetta di pancetta intorno ad ogni fetta di cheddar.
Raffreddare in freezer per 10 minuti.
Mescolare olio d'oliva e pangrattato e in piatti separati mettere: farina, pangrattato, uova.
Coprire il formaggio con la farina, poi pucciarlo nelle uova ed infine nel pangrattato.
Cuocere per 10 minuti, dopo aver preriscaldato il robot da cucina a 190°

CROCCHETTE DI PATATE TATER TOTS

Tempo di preparazione: 30 min
Tempo di cottura: 8 minuti
Porzioni: 2

INGREDIENTI:

1 patata ruggine (buccia marrone) media, tritata
1 cucchiaino di cipolla macinata
1 cucchiaino di olio
½ cucchiaino di pepe macinato
Sale q. B

PROCEDIMENTO:

Lessare le patate, scolare l'acqua ed aggiungere cipolle, pepe e olio e schiacciare.
Modellare il purè in cilindri e, dopo aver preriscaldato la friggitrice a 190°, cuocere per 8 minuti.
Agitare e continuare a cuocere per altri 5 minuti.

Nutrienti: Kcal: 156.

CROSTATINE SALATE AL PROSCIUTTO COTTO

TEMPO DI PREPARAZIONE: 10 minuti
TEMPO DI COTTURA: 12 minuti
PORZIONI: 4

INGREDIENTI::

Un rotolo di pasta sfoglia
100 gr di prosciutto cotto
100 gr di ricotta
Un uovo
50 gr di fontina grattugiata
Sale q.b.
Pepe q.b.
Olio di oliva q.b.

PROCEDIMENTO:

Tritare il prosciutto cotto, metterlo in una terrina ed aggiungere la ricotta e l'uovo ed un pizzico di sale e pepe e mescolare il tutto amalgamando per bene.
Stendere la pasta sfoglia e tagliare 4 dischi con gli stampi dopo averli spennellati con l'olio per poi coprirli con la sfoglia della crostatina.
Mettere all'interno la sfoglia ed il prosciutto ed in seguito cospargere la superficie delle crostatine con la fontina.
Inserire gli stampini nel cestello della friggitrice ad aria e cuocere a 200° di temperatura per 10 minuti (continuare per altri 2 minuti se non fossero cotte)

NUTRIENTI: CARBOIDRATI: 23 GR; PROTEINE: 14 GR; GRASSI: 27 GR

CONTORNO DI MAIS

Tempo di preparazione: 2 minuti
Tempo di cottura: 4 minuti
Porzioni: 8

INGREDIENTI:

800g di mais precotto, sgocciolato
100g di burro
120g di formaggio grattugiato
2 cucchiai di prezzemolo, tritato finemente
Sale e pepe nero a piacimento

PROCEDIMENTO:

Impostare la friggitrice a 120° ed iniziare facendo sciogliere il burro, aggiungere il formaggio con il mais e cuocere per 4 minuti.
Condire con sale, pepe e prezzemolo e servire!
Buon Appetito!

Nutrienti: calorie 150, grassi 3g, fibra 6g, carboidrati 13g, proteine 7g

CREMA DI FUNGHI

Tempo di preparazione: 4 minuti
Tempo di cottura: 5 minuti
Porzioni: 8

INGREDIENTI:

1000g di funghi champignon in scatola, sgocciolati
200ml di panna da cucina
2 cucchiaini di aglio in polvere
Sale, pepe e prezzemolo a piacere
4 fette di pane tostato

PROCEDIMENTO:

Impostare la friggitrice a 150° e riscaldare i funghi per 5 minuti, poi inserirli in una ciotola.
Frullarli insieme al sale, pepe, all'aglio, al prezzemolo e alla panna.
Spalmare su pane tostato e servire.

Nutrienti: calorie 181, grassi 7, fibre 8, carboidrati 14, proteine 6

EMPANADAS

Porzioni: 2
Tempo di preparazione: 30 minuti
Tempo di cottura: 15 minuti

INGREDIENTI:

1 rotolo di pasta sfoglia
50 gr di mozzarella
1 cucchiaino di olio d'oliva
180 gr di pasta per pizza fresca
1/ 4 di cipolla rossa tritata finemente
85 gr di foglie di spinaci baby
60 gr di petto di pollo arrosto
Olio

PROCEDIMENTO::

Scaldare l'olio in una padella antiaderente a fuoco alto.
Aggiungere la cipolla e far cuocere per 2 minuti.
Aggiungere il pollo, gli spinaci e pochissimo sale e cuoci per un minuto e mezzo.
A questo punto creare un disco di pasta con la pasta sfoglia ed aggiungere il ripieno appena composto.
Infine aggiungere la mozzarella ricordando di non riempire troppo i bordi in modo da poter sigillare.
Piegare a metà il disco creando la classica forma a mezzaluna e sigillare i bordi aiutandosi con il retro di una forchetta.
Spennellare il ripieno con l'olio o con l'albume d'uovo, inserire il tutto in friggitrice per 12 minuti a 160°, finche' il calzone non sarà dorato.
A metà cottura girarlo per una cottura omogenea.

GNOCCHETTI FRITTI

Tempo di preparazione: 2 minuti
Tempo di cottura: 5 minuti
Porzioni: 2

INGREDIENTI:
100 grammi di gnocchi freschi di patate
Olio
Sale
Paprika affumicata

PROCEDIMENTO:
Oliare la friggitrice e preriscaldarla a 200°
Mescolare delicatamente gli gnocchetti con paprika e sale ed aggiungerli nella friggitrice.
Cuocerli per 5 minuti e servirli con stuzzicadenti,

Nutrienti: calorie 280, grassi 5, fibre 8, carboidrati 14, proteine 6

FAVOLOSO STUFATO DI MELANZANE

Tempo di preparazione: 10 minuti
Tempo di cottura: 15 minuti
Porzioni: 8

INGREDIENTI:

2 cipolle rosse, tritata
4 cucchiai di capperi, tritati
4 melanzane, tagliate a pezzi
5 pomodori a pezzi
4 cucchiai di olio d'oliva
4 spicchi d'aglio, tritati
2 mazzi di prezzemolo tritato
Sale e pepe nero a piacere
2 cucchiaino di origano essiccato
1 manciata di olive verdi, snocciolate e affettate

PROCEDIMENTO:

Scaldare una padella adatta alla vostra friggitrice con l'olio a fiamma bassa, aggiungere melanzane, sale e pepe, origano e cuocere mentre mescolate per 5/7 minut.
Aggiungere prezzemolo, cipolla, aglio, olive, capperi, pomodori e mescolare il tutto
Infine introdurre nella friggitrice e cuocere a 180° per 15 minuti.
Dividere in più ciotole e servire come spuntino!

Nutrienti: calorie 170, grassi 13g, fibre 3g, carboidrati 5g, proteine 7g

FUNGHI AL VERMOUTH BIANCO

Tempo di preparazione: 15 minuti
Tempo di cottura: 32 minuti
Porzioni: 4

INGREDIENTI:

1 cucchiaio di olio d'oliva
800 Gr. Di funghi bianchi
2 e ½ cucchiai di vermouth bianco
2 e ½ cucchiaini di erbe di Provenza
2 spicchi d'aglio, tritati

PROCEDIMENTO::

Nel vostro robot da cucina mescolare i funghi con olio, erbe di Provenza e aglio.
Cuocere per 22 minuti a 175°, per poi aggiungere il vermouth e cuocere per altri 10 minuti.

FUNGHI RIPIENI

Tempo di preparazione: 15 minuti
Tempo di cottura: 20 minuti
Porzioni: 4

INGREDIENTI:

40g di pane grattugiato
4 champignon abbastanza grandi
¼ di cucchiaino di rosmarino, tritato
60g di ricotta
1 cucchiaio di olio
5 cucchiai di parmigiano, grattugiato
150g di spinaci, tritati

PROCEDIMENTO:

Iniziare ungendo il capo dei funghi con l'olio, poi metterli nel cestello della friggitrice e farli cuocere a 180° per qualche minuto (2/4).
Nel frattempo, in una terrina o teglia adatta, mescolare metà del parmigiano con gli spinaci, il rosmarino, il pangrattato e la ricotta (mescolare bene).
Unire quest'ultimo composto con i funghi cotti e cospargere il tutto con il parmigiano.
Infine, rimettere l'insieme in friggitrice e cuocere a 180° per 10 minuti.
Servirli preferibilmente con un'insalata come contorno!

Nutrienti: calorie 152, grassi 4g, fibre 7g, carboidrati 9g, proteine 5g

FALAFEL FRITTI AD ARIA

Tempo di preparazione: 8 minuti
Tempo di cottura: 20 minuti;
Porzioni 5

INGREDIENTI:

1 tazza di purea di cavolfiore crudo
½ tazza di mandorle macinate
1 cucchiaio di cumino macinato
½ cucchiaio di coriandolo macinato
1 cucchiaino di sale
½ cucchiaino di pepe di cayenna
1 spicchio di aglio macinato
2 cucchiai di prezzemolo fresco tritato
2 uova grandi sbattute
3 cucchiai di farina di cocco
Per la salsa Tahini:
4 cucchiai di acqua
1 cucchiaio di succo di limone
1 spicchio di aglio tritato
1 cucchiaino di sale

PROCEDIMENTO::

Lavare il cavolfiore e farlo bollire in 1 tazza d'acqua a fuoco medio per 10 minuti.
Per creare la salsa mescolare tutti gli INGREDIENTI: elencati in una ciotola a parte.

Scolare il cavolfiore e tagliarlo per inserirlo in un frullatore e trasformarlo in un riso a grana fine.
Macinare anche le mandorle ed in una ciotola mescolarle con il cavolfiore, poi aggiungere gli altri INGREDIENTI: continuando a mescolare.
Condire con sale e pepe a piacimento.
Ungere la teglia con dell'olio.
Formare degli hamburger usando 1 cucchiaio del composto,
Inserire il tutto in friggitrice a 180° per 6 minuti.

FICHI SCIROPPATI AL BURRO CON MASCARPONE

Tempo di preparazione: 15 min circa
Tempo di cottura: 5 minuti
Porzioni: 4

INGREDIENTI:

30 gr. Di burro
1 cucchiaino di acqua di rose
145 gr. Di mascarpone
Fichi
Mandorle tostate a piacimento
40 ml. Di sciroppo d'acero

PROCEDIMENTO:

Iniziare facendo preriscaldare la friggitrice a 180° e, nel frattempo, tagliare la parte superiore dei fichi formando una croce e schiacciare il fondo per aprirlo.
Mettere una noce di burro in ogni fico e mettetelo in un piatto.
Versare lo sciroppo d'acero sui fichi ed inserire il tutto nel cestello del robot da cucina e cuocere per 5 minuti.
Versare l'acqua di rose nel mascarpone e mescolare, per poi inserirne un cucchiaio in ogni porzione.
Cospargere le mandorle in superficie.

Nutrienti: Kcal: 165.

FINOCCHI SPICY

Tempo di preparazione: 2 minuti
Tempo di cottura: 6 minuti
Porzioni: 2

INGREDIENTI:

400g di finocchi, tagliati sottili
3 cucchiai di pangrattato
Olio
1 peperoncino, tagliato in piccoli pezzi
1 cucchiaio di peperoncino in polvere
1 cucchiaino d'aglio tritato
Sale e pepe nero a piacere

PROCEDIMENTO:

Oliare la friggitrice e preriscaldarla a 180°.
In una ciotola mescolare il finocchio con tutto il resto degli INGREDIENTI:, tranne l'olio.
Riporre i finocchi nella friggitrice e cuocere fino a che non si forma una crosticina.
Buon appetito!

Nutrienti: calorie 121, grassi 3g, fibre 8g, carboidrati 8g, proteine 4g

FIORI DI CIPOLLE

Tempo di preparazione: 40 min
Tempo di cottura: 30 minuti
Porzioni: 6

INGREDIENTI:

2 cipolle medie, pelate
15 gr di burro
15 gr di olio vegetale

PROCEDIMENTO:

Tagliare l'inizio e la fine delle cipolle e tagliare quattro fessure, ma non spingendosi fino in fondo, per creare 8 segmenti.
Bagnare le cipolle in acqua salata per 4 ore per rendere insapore.
Preriscaldare il robot da cucina a 180° e poi inserire le cipolle dopo aver aggiunto un cucchiaio di burro e oliato in superficie.
Cuocere per 30 minuti, poi rimuovere dalla friggitrice e togliere lo strato esterno che si sarà carbonizzato.

Nutrienti: Kcal: 230.

FIORI DI ZUCCA PASTELLATI

TEMPO DI PREPARAZIONE: 8 minuti più un'ora di riposo
TEMPO DI COTTURA: 10 minuti

INGREDIENTI::

15 gr di burro fuso o di olio vegetale
Sale q.b.
10/12 fiori di zucchine o di zucca
2 uova
210 gr di farina 00
Un pizzico di bicarbonato
180 ml di latte

PROCEDIMENTO:

Iniziare lavando i fiori di zucca e poi farli asciugare su carta assorbente.
Strappare il pistillo del fiore in modo molto delicato.
Con il resto degli INGREDIENTI: creare la pastella mescolando il tutto in una ciotola.
Intingere i fiori di zucca nella pastella e posizionarli su dei vassoi coperti da carta forno per poi congelarli per un'ora.
In seguito sistemare i fiori di zucca nel cestello (dopo averlo unto) della friggitrice ad aria e cuocere per 7/8 minuti a 200° gradi (funzione "frittura")

NUTRIENTI: carboidrati: 11 gr; proteine: 8 gr; grassi: 7 gr

FOCACCIA GUSTOSA

TEMPO DI PREPARAZIONE: 10 minuti + 15 minuti di riposo + due ore di lievitazione
TEMPO DI COTTURA: 12 minuti

INGREDIENTI::

15 gr di lievito di birra
175 ml di acqua
5 gr di zucchero
Olio d'oliva
Sale Pepe

PROCEDIMENTO:

Mischiare in una ciotola l'acqua, il sale, l'olio e lo zucchero per poi aggiungere metà della farina ed iniziare ad impastare fino ad ottenere una pastella leggermente liquida.
Aggiungere poi il lievito in un po' d'acqua e aggiungerla all'impasto e continuare ad impastare aggiungendo la farina restate per altri 4 minuti per formare un panetto.
Coprite il panetto con un canovaccio e lasciar riposare per 15 minuti.
Ungere due teglie con l'olio e dividere l'impasto nelle stesse stendendolo ed ungendo l'impasto con l'olio.
Lasciare lievitare per 1 ora e 30 per poi allargare nuovamente l'impasto nella teglia.

Cospargere con il sale grosso la superficie e poi lasciar lievitare per altri 30 minuti.
Schiacciare poi l'impasto con le dita per dargli l'aspetto della classica focaccia ed inserirla nel cestello della friggitrice.
Cuocere a 200° con funzione "pizza" per 12 minuti (controllare e cuocere fino a quando la superficie non sarà ben dorata)

NUTRIENTI: CARBOIDRATI: 53 GR; PROTEINE: 7 GR; GRASSI: 15 GR; INGREDIENTI: PER 4 PERSONE 300 gr di farina 00

FORMAGGIO ALLA GRIGLIA

Tempo di preparazione: 10 minuti
Tempo di cottura: 5 minuti
Porzioni: 4

INGREDIENTI:

115 Gr. Di formaggio feta
2 cucchiai di olio d'oliva
1 tuorlo d'uovo
4 fogli di pasta fillo
Sale e pepe q.b.
1 cipolla verde, tritata
2 cucchiai di prezzemolo fresco, tritato
2 cucchiai di basilico fresco, tritato
Sale e pepe q.b.

PROCEDIMENTO::

Iniziare preriscaldando il robot da cucina a 200°.
Tagliare la pasta fillo in tre strisce e spennellarle con l'olio d'oliva.
In una ciotola / un piatto sbattere l'uovo mischiandolo con cipolla, prezzemolo, sale e pepe, formaggio e basilico.
Versare un po' di composto su ogni striscia e creare un triangolo ripiegandola.
Cuocere per 3/5 minuti a 160°

FRITTURA DI SOTTACETI

TEMPO DI PREPARAZIONE: 8 minuti
TEMPO DI COTTURA: 10 minuti
PORZIONI: 4

INGREDIENTI::

5 sottaceti grandi
1 gr di pepe
50 gr di farina per tutti gli usi
2 uova
30 gr di pangrattato
Spray da cucina antiaderente
2 gr di paprika
Sale e pepe nero q.b.

PROCEDIMENTO::

Tagliare i sottaceti dopo averli asciugati molto bene.
Sbattere le uova in una ciotola a parte e preparare un piatto con la farina.
In un altro recipiente unire il pangrattato, il sale, il pepe e le restanti spezie.
Immergere i sottaceti prima nella farina e poi nelle uova sbattute ed infine nel piatto di pangrattato per creare una panatura che li copra perfettamente.
Preriscaldare a 170° per qualche minuto.
Mettete i sottaceti impanati su un vassoio e passate lo spray antiaderente, poi inserirli nella friggitrice preriscaldata e cuocere per circa 10 minuti.

NUTRIENTI: carboidrati: 15 gr; proteine: 2 gr; grassi: 4 gr
INGREDIENTI: PER 4 PERSONE 5 sottaceti grandi 50 gr di farina per tutti gli usi 2 uova

FUNGHI ALLE ERBE

Tempo di preparazione: 10 minuti
Tempo di cottura: 12 minuti
Porzioni: 3

INGREDIENTI:

10 funghi, senza gambo
1 cucchiaio di origano e basilico misti essiccati
1 cucchiaio di formaggio, grattugiato
Un filo d'olio d'oliva
Sale e pepe nero a piacere

PROCEDIMENTO:

Condire i funghi con erbe miste, sale e pepe e poi ungerli con l'olio d'oliva.
Inserire in friggitrice e cuocere a 160° per 6 minuti, poi rimuovere ed aggiungere il formaggio.
Cuocere per altri 6/7 minuti.

GAMBERETTI CAJUN

Tempo di preparazione: 10 min
Tempo di cottura: 5 minuti
Porzioni: 4

INGREDIENTI:
400 gr di gamberi tigre
½ cucchiaino di condimento di alloro
Una punta di paprika
Una punta di pepe di cayenna
200 gr di riso precedentemente bollito
1 cucchiaino di olio d'oliva
Un pizzico di sale

PROCEDIMENTO:
Iniziare preriscaldando il robot di cucina a 200° e, nel frattempo, unire tutti gli INGREDIENTI: in una ciotola.
Lasciare che i gamberi vengano ricoperti con olio e le spezie.
Inserire in friggitrice e cuocere per 5 minuti.
Servire con il riso bollito.

Nutrienti: Kcal: 170.

GAMBERETTI IMPANATI CON NACHOS

Tempo di preparazione: 30 min circa
Tempo di cottura: 8 minuti
Porzioni: 3

INGREDIENTI:

250 gr. Di patatine nachos
1 uovo sbattuto
18 gamberetti

PROCEDIMENTO:

Lavare accuratamente i gamberi dopo aver rimosso il guscio e le nervature.
Sminuzzare le patatine fino ad ottenere una granella simile al pangrattato.
Passare ogni gambero prima nell'uovo e poi nella granella di patatine.
Preriscaldare il robot da cucina a 180°, poi inserire i gamberetti e farli cuocere per 8 minuti.
Servire accompagnandoli con panna acida.

GERMOGLI DI BRUXELLES CREMOSI

Tempo di preparazione: 13 minuti
Tempo di cottura: 27 minuti
Porzioni: 8

INGREDIENTI:

1,5 kg. Di cavoletti di Bruxelles, tagliati a metà
Un filo d'olio d'oliva
500 gr. Di pancetta
Sale e pepe nero a piacimento
4 cucchiai di burro
3 scalogni, tritati
300 ml di latte
500 ml di panna
Un pizzico di noce moscata macinata
3 cucchiai di rafano tritato

PROCEDIMENTO:

Riscaldare la friggitrice ad aria precedentemente a 180°, aggiungere olio, pancetta, sale, pepe e cavoletti di Bruxelles e saltarli.
Aggiungere lo scalogno, il latte, la panna, il burro, la noce moscata ed infine il rafano continuando a mescolare.
Cuocere il tutto per 25 minuti.
Servire come contorno
Buon appetito!

Nutrienti: calorie 214, grassi 5g, fibre 8g, carboidrati 12g, proteine 5g

HAMBURGER DI MAIALE

Tempo di preparazione: 10 minuti
Tempo di cottura: 9 minuti
Porzioni 4

INGREDIENTI:
450gr di macinato di maiale
6 panini
6 fette di formaggio cheddar
1 pizzico di sale e pepe nero

Preparazione:
Creare gli hamburger con il macinato di maiale e condirli con sale e pepe nero.
Dopo aver preriscaldato la friggitrice a 200° inserire gli hamburger e cuocerli per 9 minuti.
Toglierli dal cestello, applicare le fette di formaggio in superficie e reinserire in friggitrice per 9 minuti.

NUTRIENTI Calorie: 470, Grassi Totali: 42g, Carboidrati Totali 1.2g, Proteine: 22g, Fibre: 0g

HOT DOG IN PASTA FROLLA

Tempo di preparazione: 2 minuti
Tempo di cottura: 5 minuti
Porzioni: 4

INGREDIENTI:
4 wurstel
1 foglio di pasta frolla
Salsa a piacere

PROCEDIMENTO:
Tagliare a strisce la pasta frolla e arrotolare i wurstel con le strisce.
Cuocere gli hot dog nella friggitrice preriscaldata a 180 gradi per 5 minuti.
Buon appetito!

HUMMUS

Tempo di preparazione: 4 minuti
Tempo di cottura: 2 minuti
Porzioni: 4

INGREDIENTI:

600g di ceci in scatola
Prezzemolo tritato
150ml di acqua calda
30ml di olio di sesamo
Succo di ½ limone
1 spicchio di aglio, tritato
100g di semi di sesamo
1 cucchiaino di paprika
Sale e pepe a piacere
Pane da accompagnamento

PROCEDIMENTO:

Tostare i semi di sesamo nella friggitrice per 3 minuti a 180°.
Frullare insieme tutti gli altri INGREDIENTI:, aggiungere i semi di sesamo, frullare nuovamente.
Servire preferibilmente accompagnato con del pane.

Nutrienti: calorie 232, grassi 5g, fibre 8g, carboidrati 18g, proteine 9g

KEBAB DI MAIALE

Tempo di preparazione: 30 min
Tempo di cottura: 30 min
Porzioni: 2

INGREDIENTI:

450 gr di carne di maiale disossata a cubetti
3 cipolle tritate
5 peperoncini verdi tritati grossolanamente
2 cucchiai di coriandolo in polvere
4 cucchiai di menta tritata
1 cucchiaio e ½ di concentrato di zenzero
1 cucchiaino e ½ di concentrato di aglio
3 uova
2 cucchiai e ½ di semi di sesamo bianchi
1 cucchiaino e ½ di sale
3 cucchiaini di succo di limone
2 cucchiaini di garam masala
4 cucchiai di coriandolo tritato
3 cucchiai di panna

PROCEDIMENTO:

Preriscaldare la friggitrice a 140° per 5 minuti.
Mescolare gli INGREDIENTI: secchi in una ciotola, trasformando il composto in una pasta densa e coprire con il composto i cubetti di maiale.

Sbattere le uova in una ciotola e poi aggiungere il sale ed immergere i cubetti nel composto delle uova, cospargerli di semi di sesamo e lasciarli in frigo per un'ora.
Mettere il kebab nel cestello e cuocere per altri 25 minuti e girare durante il PROCEDIMENTO:.
Servire con la menta.

Nutrienti: Kcal: 267.

KYINKYINGA

Tempo di preparazione: 25 min
Tempo di cottura: 30 min
Porzioni: 2

INGREDIENTI:

450 gr di fegato di manzo disossato (tagliato a cubetti)
2 cucchiai di semi di sesamo
2 uova
2 cipolle tritate
2 peperoncini verdi tritati grossolanamente
1 cucchiaino e ½ di concentrato di aglio
2 cucchiai di menta fresca, tritata
1 cucchiaio e ½ di concentrato di zenzero
2 cucchiai di peperone tritato
1 cucchiaino e ½ di sale
2 cucchiaini di succo di limone
2 cucchiaini di garam masala
2 cucchiai di coriandolo tritato
2 cucchiai di panna
2 cucchiai di coriandolo in polvere

PROCEDIMENTO:

Mescolare gli INGREDIENTI: secchi in una ciotola e trasformare il composto in pasta densa e coprire con il composto i cubetti.
Dopo aver messo le uova in una ciotola ed averle condite con il sale, immergere i cubetti.
Preriscaldare la friggitrice per 5 minuti e poi inserire gli spiedini per cuocere a 140° per 25 minuti.

Nutrienti: Kcal: 335.

INSALATA VEGETARIANA GUSTOSA

Tempo di preparazione: 10 minuti
Tempo di cottura: 15 minuti
Porzioni: 8

INGREDIENTI:

1 tazza e ½ di pomodori, tritati
3 tazze di melanzane, tritate
Un pizzico di sale e pepe nero
2 cucchiaini di capperi
Olio d’oliva
2 cucchiaini di aceto balsamico
3 spicchi d'aglio, tritati
1 cucchiaio di basilico, tritato

PROCEDIMENTO::

Iniziare ungendo la padella della friggitrice con l’olio, poi aggiungere i pomodori, le melanzane, il sale ed il pepe, i capperi e l’aglio.
Cuocere a 160° per 15 minuti.
Buon appetito!

INVOLTINI DI HALLOUMI E PANCETTA FRITTI

Tempo di preparazione: 5 minuti
Tempo di cottura: 12 minuti
Porzioni 5-6

INGREDIENTI:

400g di halloumi
300gr di pancetta a fette

PROCEDIMENTO::

Tagliare il formaggio in 18-30 pezzi ed avvolgere ciascun pezzo con una fetta di pancetta.
Preriscaldare il robot da cucina a 200°.
Fodera la teglia della friggitrice con carta da forno e disponi gli involtini sulla teglia, poi cuocerli a 180° per 12 minuti.

Nutrienti: Calorie: 155, Grassi Totali: 17g, Carboidrati Totali 1.4g, Proteine 16.3g, Fibre: 0.3g

Capitolo 4: RICETTE DI PESCE

ALICI FRITTE IN PASTELLA

Porzioni: 4
INGREDIENTI:
1 kg di Alici
Rosmarino
Acqua gasata (in freezer per 15-20 min)
Uova
Sale (quantità a piacere a seconda del gusto)
Limone
Farina 00
PROCEDIMENTO:
Prendere le alici, togliere la testa e incidere a metà per il lungo togliendo la lisca senza dividere la parte sinistra con la parte destra. Asciugare le alici con un panno. Prendete la farina, il rosmarino, l'acqua gasata (da versare pian piano), due uova, il sale e mescolare il tutto per ottenere una consistenza d'impasto. Prendere le alici e "infarinarle" completamente all'interno di questo composto. Posarle una ad una su della carta adatta alla cottura per la friggitrice e inserire il tutto all'interno dell'elettrodomestico ad aria. Riscaldare quest'ultimo a 185°C e cuocere per 5/6 minuti fino a dorare le alici.

ALICI FRITTE

Tempo di preparazione: 5 minuti
Porzioni: 4

INGREDIENTI:

24 alici (togliere la spina senza dividere)
Sale Q.B.
200g di farina bianca
4 zucchine affettate alla julienne
1 limone
400g di farina di mais fioretto
Olio extra vergine
120g di mozzarella tagliata

PROCEDIMENTO:

Dopo che le alici sono state spinate e divise, farcirle con bastoncini di mozzarella e filetti di zucchine. Infarinare bene le alici, preriscaldare l'elettrodomestico ad aria a 195°C e cuocere il tutto con una piccola aggiunta d'olio per 6 minuti. Estrarre e accompagnare con il limone.

ANELLI DI CALAMARI

Tempo di preparazione: 32 min
Tempo di cottura: 11 minuti
Porzioni: 2

INGREDIENTI:

2 uova
Olio d'oliva
400g di gamberi
40g di avocado
2 cucchiaini di concentrato di pomodoro
450g di calamari da tagliare in anelli
Maionese (in poca quantità)
50g di farina 0
Salsa Worcester (in poca quantità)
Sale e pepe (quantità a piacere a seconda del gusto)
1 cucchiaino di curcuma in polvere
Succo di limone (in poca quantità)

PROCEDIMENTO:

Prendere i gamberi, i calamari, metterli in un contenitore e cospargerli con l'olio. Prendere sale, curcuma, pepe, farina e amalgamare bene il tutto. Immergere i gamberi e gli anelli all'interno della farina e cuocere per 11 minuti a 175°C. Nel mentre, prendere la maionese, l'avocado, il concentrato di pomodoro, il succo di limone, il pepe, la salsa Worcester, il sale e mescolare tutto insieme. Non appena i calamari e i gamberi saranno pronti, estrarre e accompagnare con la salsina.
Nutrienti: Kcal: 290, Grassi: 25g, Fibre: 4g, Proteine: 17g.

ANELLI DI TOTANO AL LIMONE

Tempo di preparazione: 5 minuti
Porzioni: 4

INGREDIENTI:

4 totani affettati ad anelli
Olio extra vergine
Sale (quantità a piacere)
100g di scorza di limone grattugiato
2 limoni
Farina (in poca quantità)

PROCEDIMENTO:

Preriscaldare l'elettrodomestico ad aria a 205°C. Prendere i calamari e impanarli nella farina mischiata alla scorza di limone. Cuocere i calamari all'interno della friggitrice ad aria per 8 minuti (con un pochino d'olio). Una volta pronti, estrarre i calamari ed accompagnare con il limone.
Nutrienti: Kcal: 278

BACCALA' FRITTO

Tempo di preparazione: 6 minuti
Porzioni: 2

INGREDIENTI:

Olio di semi
15g di farina 00
325g di baccalà dissalato

PROCEDIMENTO:

Mettere il baccalà dissalato all'interno della farina, accendere la friggitrice ad aria e scaldarla a 195°C. Spostare il pesce all'interno dell'elettrodomestico ad aria e cuocerlo a 195°C per 7 minuti.

Nutrienti: Kcal: 578

BASTONCINI DI GRANCHIO

Tempo di preparazione: 22 min
Porzioni: 2 persone

INGREDIENTI:

1 cucchiaino di Cajun
1 cucchiaino di olio di semi di sesamo
5 bastoncini di granchio divisi a metà

PROCEDIMENTO:

Prendere un contenitore ed inserirci i 5 bastoncini di granchio con il Cajun e l'olio di semi di sesamo mescolando il tutto. Spostare all'interno della friggitrice. Cuocere all'interno dell'elettrodomestico ad aria per 13 minuti a 175°C.

Nutrienti: Kcal: 108, Grassi: 0, Fibre: 2g , Carboidrati:3g, Proteine: 1g.

BOCCONCINI DI TONNO ALLA SICILIANA

Tempo di preparazione: 4 minuti
Porzioni: 4

INGREDIENTI:
8g di olive verdi snocciolate
200g di pomodorini tagliati
100g di cipolla rossa tagliata fine
Pepe e sale (quantità a piacere a seconda del gusto)
1 cucchiaio di olio Evo
8g di capperi
½ cucchiaino di peperoncino in polvere
800g di tonno affettato a piccoli cubi

PROCEDIMENTO:
Cuocere all'interno di una padella la cipolla con l'olio, il sale il peperoncino, le olive, i capperi e i pomodorini. Aggiungere l'origano, il tonno e spostare all'interno della friggitrice ad aria cuocendo per 7 minuti a 185°C.

BRANZINO FRITTO

Tempo di preparazione: 18 min
Porzioni: 4 persone

INGREDIENTI:

4 filetti di branzino
Scorza di limone grattugiata (un limone)
Fiocchi di peperoncino rosso (in poca quantità)
1L di olio d'oliva
Succo di limone (metà limone)
Succo d'arancia (metà arancia)
Sale e pepe (quantità a piacere a seconda del gusto)
Scorza d'arancia grattugiata (metà arancia)
100g di prezzemolo

PROCEDIMENTO:

Prendere un contenitore ed inserirci il succo d'arancia, il pepe, il pesce, la scorza di agrumi, il sale, i fiocchi di peperoncino, mescolate bene ed inserire all'interno dell'elettrodomestico ad aria (preriscaldandolo a 175°C) cuocendo per 11 minuti sempre a 175°C. Una volta pronto, estrarre e "guarnire" con il prezzemolo.

BURGER DI GAMBERI

Porzioni: 4
Tempo di preparazione: 20 min

INGREDIENTI:

450g di verdura baby fresca
½ di cucchiaino di curcuma macinata
1 cucchiaino di cumino
35g di cipolla (da tritare)
Sale e pepe (quantità a piacere a seconda del gusto)
1 cucchiaino d'aglio tritato
250g di pane grattugiato
330g di gamberetti puliti e tritati
1 cucchiaino di zenzero tritato
1 cucchiaino di peperoncino rosso in polvere

PROCEDIMENTO:

Prendere un contenitore ed inserire il pane grattuggiato, lo zenzero, le spezie, l'aglio, la cipolla, i gamberi e amalgamare bene il tutto. Nel frattempo, accendere l'elettrodomestico ad aria e scaldarlo a 200°C oliando il cesto. Dall'impasto ottenuto, creare delle piccole polpette e inserirle all'interno della friggitrice. Cuocere per 5 minuti a 200°C. Accompagnate il tutto con le baby verdure.

CALAMARI E GUACAMOLE

Tempo di preparazione: 14 min
Porzioni: 4 persone

INGREDIENTI:

4 calamari (separare i tentacoli e tagliarli orizzontalmente)
Succo di lime
Sale e pepe (quantità a piacere a seconda del gusto)
Olio d'oliva
Per la salsa guacamole:
Succo di 4 limoni
4 avocado da snocciolare e tagliare
4 peperoncini rossi (da affettare)
2 pomodori affettati
2 cucchiaini di coriandolo (da tritare)
2 cipolle rosse tagliate

PROCEDIMENTO:

Per ottenere la salsa guacamole, all'interno di un contenitore inserite coriandolo, succo di limone, avocado schiacciato, cipolla, peperoncini e mescolate bene il tutto. Prendere i tentacoli, i calamari e versateci sopra l'olio d'oliva, il succo di limone e l'aceto. Spostate all'interno dell'elettrodomestico ad aria e cuocere per 4 minuti a 185°C. Una volta pronti, accompagnate i calamari con la salsa guacamole e spruzzare il succo di limone.

Nutrienti: Kcal: 510, Grassi: 39g, Fibre: 5g, Carboidrati: 8g, Proteine: 18g.

CLASSICI CALAMARI FRITTI

Tempo di preparazione: 4 minuti
Porzioni: 4

INGREDIENTI:

Sale
2 calamari tagliati ad anelli
Olio extra vergine
Farina
2 limoni

PROCEDIMENTO:

Accendete l'elettrodomestico ad aria e scaldatelo a 205°C. Immergete i calamari all'interno della farina, dopodiché trasferiteli all'interno della friggitrice e cuocere per 6 minuti. Una volta pronti, estrarre e accompagnare con il limone.
Nutrienti: Kcal: 270

CALAMARI RIPIENI

Tempo di preparazione: 33 min
Porzioni: 2 persone

INGREDIENTI:

30g di passata di pomodoro
2 calamari (tentacoli da dividere e da affettare)
Sale e pepe (quantità a piacere a seconda del gusto)
70g di spinaci tritati
Olio d'oliva
2 cucchiai di prezzemolo (da tritare)
½ cipolla gialla affettata
1 spicchio d'aglio tritato
½ peperone rosso tagliuzzato

PROCEDIMENTO:

All'interno di una pentola mettere l'aglio e la cipolla lasciando cuocere per 1 minuto e ½ . Prendere la passata, gli spinaci, il mezzo peperone, i calamari, il pepe, il sale e cuocere insieme il tutto per una decina di minuti. Dopodiché, attendere 60 secondi e cuocere per altri 2/3 minuti. Mettere questo composto ottenuto all'interno dei calamari, fermarli con gli stuzzicadenti e cuocere all'interno dell'elettrodomestico ad aria per 23 minuti a 170°C. Guarnire con il prezzemolo una volta pronto.

Nutrienti: Kcal: 319, Grassi: 12g, Fibre: 13g, Carboidrati: 10g, Proteine: 20g.

CAPESANTE ALL'ANETO

Tempo di preparazione: 15 min
Porzioni: 2 persone

INGREDIENTI:

225g di capesante
Sale e pepe (Quantità a piacere a seconda del gusto)
½ cucchiaino di aneto tritato
½ cucchiaino di succo di limone
15ML di olio d' oliva

PROCEDIMENTO:

Prendere le capesante e dopo aver creato una miscela con aglio, pepe, aneto, sale e succo di limone passarle sopra a quest'ultima. Inserire all'interno dell'elettrodomestico ad aria e cuocere per 185°C a 4 minuti. Buttare quelle che sono ancora chiuse e servire con la salsa all'aneto quelle pronte.

Nutrienti: Kcal: 150, Grassi: 3g, Fibre: 8g, Carboidrati: 20g, Proteine: 5g.

CAPESANTE FRITTE AD ARIA

Tempo di cottura: 6 minuti
Porzioni: 2

INGREDIENTI:

Sale (in poca quantità)
Spray da cucina
½ cucchiaio di Cajun
2-3 capesante

PROCEDIMENTO:

Prendere le capesante e sciacquarle. Togliere il muscolo al lato delle capesante. Accendere l'elettrodomestico ad aria e scaldare a 195°C. Prendere la stagnola e coprire il cesto della friggitrice, dopodiché spruzzarci sopra l'olio. Speziare le capesante con sale e Cajun. Cuocerle all'interno dell'elettrodomestico a 185°C per 4 minuti da un lato e 4 minuti dall'altro. Buon appetito!
Nutrienti: Kcal: 210

CEFALO AL POMODORO

Tempo di preparazione: 16 min
Porzioni: 4

INGREDIENTI:

Olio di oliva
300g di pomodorini (tagliati a metà)
Spicchio d'aglio tritato
Scalogno tritato
1 bicchiere di vino bianco
4 cefali da 200g ciascuno già puliti
Sale e Pepe (in poca quantità)
Origano

PROCEDIMENTO:

Sciacquate i cefali. Farli sgocciolare e asciugarli. Mettete un po' d'olio d'oliva all'interno di una pirofila e successivamente inserite i cefali. Ricoprirli con scalogno, olio e aglio. Mettere i pomodorini sul pesce e innaffiare con sale, origano e pepe. Inserite il contenitore all'interno dell'elettrodomestico ad aria e cuocere per 7 minuti a 170°C. Ruotare i cefali, versarci sopra il vino bianco e cuocere per altri 7 minuti alla stessa temperatura. Buon appetito!

CHELE DI GRANCHIO

Tempo di preparazione: 26 min
Porzioni: 4 persone

INGREDIENTI:

80g di aglio in polvere
60g di zucchero
Succo di limone (1 limone intero)
2,7kg di chele di granchio

PROCEDIMENTO:

Mettere le chele di granchio all'interno dell'elettrodomestico ad aria e cuocere per 17 minuti a 190°C. Prestare attenzione ad ottenere una cottura uniforme continuando a muovere il cesto. Prendere del burro ed unirlo all'aglio e al succo di limone al fine di ottenere una salsa nella quale intingere le chele di granchio. Buon appetito!

Nutrienti: Kcal: 148, Grassi: 6g, Proteine: 2g.

CODA DI ARAGOSTA

Tempo di preparazione: 24 min
Porzioni: 4 persone

INGREDIENTI:

Succo di limone (1 limone)
1 cucchiaino di Old Bay
4 code di aragosta
60g di burro fuso
2 cucchiaini di prezzemolo

PROCEDIMENTO:

Prendere le code d'aragosta, dividerle a metà e posizionarle sulla stagnola con l'Old Bay, il miele e il succo di limone. Chiudere i pacchetti con le aragoste all'interno e inserire all'interno della friggitrice ad aria. Cuocere per 11 minuti a 200°C.

Nutrienti: Kcal: 229, Grassi: 6g, Proteine: 8g.

COTOLETTE DI MERLUZZO CON INSALATA DI FINOCCHI E UOVA

Tempo di preparazione: 27 min
Porzioni: 4 persone

INGREDIENTI:

120g di noci Pecan
Olio d'oliva
2 bulbo di finocchio tagliato a fettine sottili
320g di uva
Sale e pepe (in poca quantità)
4 filetti di merluzzo (togliere le spine)

PROCEDIMENTO:

Prendere l'uva, l'olio, il pepe, le noci pecan, il finocchio, il sale e unite il tutto all'interno di una tazza o di un contenitore. Spostate all'interno di una padella ed inserirla nell'elettrodomestico ad aria e cuocere per 7 minuti a 190°C. Prendere i filetti e condirli con sale, olio, pepe e cuocere all'interno della friggitrice per 11 minuti a 195°C. Mettere i filetti nei piatti e accompagnare con il contorno.

Capitolo 5: RICETTE VEGANE & VEGETARIANE

AVOCADO SPEZIATO

Tempo di PROCEDIMENTO: 14 minuti
Tempo di cottura: 11 minuti
Porzioni:1

INGREDIENTI:

1 avocado tagliato a spicchi (25mm circa)
20g di pangrattato
1g di cipolle in (polvere)
1 uovo sbattuto
1g di paprika affumicata
½ g di pepe Caienna
30g di farina
Sale e pepe (a piacere a seconda del gusto)
1g di aglio (in polvere)
Ketchup o maionese (a seconda del gusto)
Spray da cucina antiaderente

PROCEDIMENTO:

Pre-riscaldare la friggitrice ad aria a 185°C per un paio di minuti. Nel frattempo, mettere l'aglio, la cipolla, il pangrattato, il pepe di Caienna, la paprika, il sale e il pepe in una ciotola di medie dimensioni e amalgamare il tutto.

Prende l'avocado e scavarlo all'interno della farina, dopodichè inserirlo nell'uovo sbattuto e passarlo nel composto del pangrattato. Inserire l'avocado all'interno dell'elettrodomestico ad aria, spruzzare olio spray e per 9 minuti lasciare in cottura. Girare l'avocado dopo circa 4 minuti e ½ e riutilizzare l'olio spray sulla parte appena girata. Una volta pronto, potete utilizzare ketchup o maionese per "condire".

Nutrienti: Kcal: 340, proteine: 10g; grassi: 23g

BROCCOLI ARROSTO

Tempo di PROCEDIMENTO: 22 minuti
Porzioni:4 persone

INGREDIENTI:

560g di broccoli
2 scalogni affettati
120g di panna acida
8 fette di pancetta cotta e tagliata in piccole parti
110g di Cheddar a scaglie di medie dimensioni
2 cucchiai di olio di cocco

PROCEDIMENTO:

Inserire i broccoli all'interno dell'elettrodomestico ad aria cospargendoli con l'olio di cocco. Far partire la friggitrice ad aria per 9 minuti a 175°C muovendo ripetutamente il cesto durante questo processo. Una volta pronti (verificare la croccantezza sulla parte superiore dei broccoli) estrarre e cospargere con pancetta, cheddar, panna e in ultimo affiancare lo scalogno.
Nutrienti: Kcal: 364, Proteine: 19g, Fibre: 4g, Grassi: 27g, Carboidrati: 12g

BURRITOS

Tempo di PROCEDIMENTO: 40 min
Porzioni:4 persone

INGREDIENTI:

Fagioli:

10 tortillas
170g di fagioli borlotti (mettere a mollo la sera prima)
1 cipolla fatta a piccoli pezzi
1 cucchiaio di olio d'oliva
½ cucchiaino di peperoncino in polvere
2 cucchiaini di sale
65g di concentrato di pomodoro

Ripieno:

2 cucchiaio di olio d'oliva
90g di jalapenos (tagliarli/tritarli)
4 spicchi d'aglio tritati
180g di fagioli francesi (tagliarli "dalla parte" piu' lunga a fettine)
90g di funghi tagliati fini
2 cipolle di medie dimensioni affettate
100g di cavolo (già tagliuzzato)
2 cucchiaini di vino bianco
30ml di aceto balsamico
550g di formaggio tagliato a bastoncini (tipo ricotta)
1 cucchiaino di peperoncino
Sale (in poca quantità)
4 carote (tagliare a listarelle)
2 cucchiaini di pepe

Insalata:

2 foglie di lattuga tagliuzzate
80g di cheddar grattugiato
2 pomodori (già tagliati a pezzi piccoli)
2 peperoncini verdi tritati
3 cipollotti tritati

PROCEDIMENTO:

Prendere la cipolla, l'aglio e i fagioli e schiacciare il tutto. Dopodiché iniziare con la preparazione della salsa e per il ripieno inserire gli INGREDIENTI: all'interno di una padella fino ad ottenere un colore dorato per le verdure. Successivamente prendete gli INGREDIENTI: dell'insalata e uniteli (questo è il passaggio piu' semplice). Accendere l'elettrodomestico ad aria pre-riscaldandolo a 110°C per circa 4 minuti. Prendere una tortilla e inserirci in ordine: un po' di salsa, fagioli e il ripieno. Prendere l'insalata e metterla al di sopra dei fagioli, dopodiché arrotolare. Cuocere a 110°C per 14 minuti girando i burritos dall'altro lato dopo 7 minuti. Una volta pronto, estrarre.

CANNELLONI DI PANCARRE'

Tempo di PROCEDIMENTO: 17 minuti
Porzioni:2

INGREDIENTI:

1 uovo
Fette pancarré
50g fontina
Olive
Pangrattato
Passata di pomodoro
½ ciuffetto di basilico
Sale (quantità a piacere)
Olio d'oliva

PROCEDIMENTO:

Prendere una ciotola per mescolare le olive (da tagliuzzare), il basilico, la passata di pomodoro e il sale. Dopodiché prendere il pancarré, distribuire le fette sul tavolo e schiacciare (a mo' di carrarmato) con un mattarello o un oggetto della stessa portata. Su quest'ultime cospargerci sopra pezzi di fontina dopo aver versato un cucchiaino di pomodoro. Chiudere ogni fetta prendendo i due angoli opposti (indifferente se da destra a sinistra o viceversa). Una volta ottenuto il cannellone, pucciarlo nell'uovo sbattuto e successivamente nel pangrattato. Prendere i cannelloni, posizionarli su una teglia, "ungerli" con l'olio d'oliva (non troppo) e cuocere il tutto a 200°C per 8 minuti.

CAPRESE DI MELANZANE

Tempo di PROCEDIMENTO: 15 min
Porzioni:2 persone

INGREDIENTI:

½ melanzana a fette (0,5 cm)
60g di mozzarella a fette (15g)
1 pomodoro a fette (0,5 cm)
15g di basilico fresco (a fette)
Olio d'oliva

PROCEDIMENTO:

Prendere le fette di melanzana e posarle sopra ad una teglia. Prendere il pomodoro, poggiare ogni fetta su ogni fetta di melanzana, stesso PROCEDIMENTO: con la mozzarella e successivamente ancora la melanzana. "Ungere" il tutto con l'olio, prendere la carta stagnola e coprire. Pre-riscaldare la friggitrice ad aria a 170°C e successivamente cuocere alla stessa temperatura per 13 minuti. Una volta pronto, servire con il basilico.

Nutrienti: Kcal: 185, Proteine: 8g, Fibre: 6g, Grassi: 11g.

CAROTE CROCCANTI

Tempo di PROCEDIMENTO: 2 min
Tempo di cottura: 11 min
Porzioni:4 persone

INGREDIENTI:

Olio d'oliva
8 carote affettate verticalmente
Sale (poca)

PROCEDIMENTO:

Mettere l'olio d'oliva e il sale in una tazza. Aggiungere le carote all'interno. Cuocere per 10 minuti a 195°C.

Nutrienti: Kcal: 150.

CAROTE DOLCI

Tempo di PROCEDIMENTO: 20 min
Porzioni:2 persone

INGREDIENTI:

200 gr di carote
½ cucchiaio di burro fuso
½ cucchiaino di zucchero di canna
Sale e pepe Q.B.

PROCEDIMENTO:

Prendere il pepe, lo zucchero di canna, il burro, il sale e le carote e mischiare il tutto all'interno di un contenitore adatto all'elettrodomestico ad aria per poi cuocere a 190°C per 9 minuti.

Nutrienti: Kcal: 110, Grassi: 3g, Fibre: 4g, Carboidrati: 8g, Proteine: 6g.

CAVOLINI DI BRUXELLES CON POMODORINI

Tempo di PROCEDIMENTO: 16 min circa
Porzioni:2 persone

INGREDIENTI:

225g di cavoli di Bruxelles
30g di cipollotti tagliati a cubettini
3 pomodorini divisi in due parti
½ cucchiaio di olio d'oliva
Sale e pepe (quantità a piacere)

PROCEDIMENTO:

Mettere pepe e sale sui cavoli di Bruxelles e cuocere il tutto per 9 minuti a 175°C. Una volta pronto, spostarli in un contenitore aggiungendo pomodorini, cipollotti, sale e pepe e mescolare il tutto. Buon appetito!

Nutrienti: Kcal: 117, Grassi: 3g, Fibre: 4g, Carboidrati: 12g, Proteine: 7g.

COTOLETTE DI MELANZANE

Tempo di PROCEDIMENTO: 9 minuti
Porzioni:4

INGREDIENTI:

2 uova
200g mollica
Sale e pepe nero
2 melanzane (da tagliare 14mm)
30ml di latte
Olio d'oliva
120g di farina

PROCEDIMENTO:

Mescolare il latte e sbattere l'uovo da una parte, da un'altra mescolare il sale, il pepe e il pangrattato. Prendere le fettine di melanzane e infarinarle, successivamente inserirle nell' uovo e infine passarlo sul pangrattato. Ripetere l'immersione nel pangrattato e nell'uovo. Ungere le fettine di melanzana con l'olio. Cuocere all'interno dell'elettrodomestico ad aria per 10 minuti a 200°C. Dopo circa 5 minuti, girare. Buon appetito!

CROCCHETTE DI ZUCCA E MAIS

Tempo di PROCEDIMENTO: 16 minuti
Tempo di cottura: 18 minuti
Porzioni:2

INGREDIENTI:

130g ceci (già cotti)
65g ricotta
Mezza zucca mantovana
Rosmarino
Sale e pepe (quantità a piacere a seconda del gusto)
50g di farina di mais (pre-cotta)
2 cucchiaini di paprika

PROCEDIMENTO:

Cuocere la zucca nell'elettrodomestico ad aria per 11 minuti a 175°C dopo averla pulita. Eliminare la scorza una volta pronta. Dopodiché prendere tutti gli INGREDIENTI: ed inserirli all'interno della friggitrice (no farina). Frullare il tutto. Prendere la farina e piano piano un cucchiaio alla volta aggiungerla al composto ottenuto continuando ad amalgamare. Formare degli gnocchi che una volta ottenuti dovranno avere una forma "allungata". Prendere quest'ultimi e passarli nella/sulla farina di mais precotta. Oliare le crocchette e cuocere per 12 minuti a 185°C.

Nutrienti: Kcal: 265, proteine: 9g; grassi: 17g

CROSTATA ALLE VERDURE

Tempo di PROCEDIMENTO: 25 min circa
Porzioni:4 persone

INGREDIENTI:

30g di burro
250g di farina
480ml di latte freddo
40g di zucchero
Per il ripieno:
100g di noci tostate
1 cucchiaino di cannella
60g di zucchero
100ml. Di succo di limone
600g di verdure grigliate

PROCEDIMENTO:

Prendere il burro, la farina, lo zucchero e amalgamare il tutto. Prendere il latte e unirlo alla miscela precedente. Per una decina di minuti all'incirca, lasciare riposare la miscela. Prendere una tortiera, distendere la pasta su un piano di lavoro e tagliarla in due parti uguali. Prendere una delle due parti, inserirla nella tortiera e fare dei piccoli buchini con una posata. Prendere tutti gli INGREDIENTI: del ripieno, scaldarli e cospargerli sulla pasta, dopodiché prendere l'altra parte della pasta e porla sopra al composto. Accendere l'elettrodomestico ad aria, scaldarlo per 4 minuti a 160°C. Cuocere il tutto fino a che non si raggiungerà la doratura.

Nutrienti: Kcal: 154

FAGIOLINI VERDI E PATATE

Tempo di PROCEDIMENTO: 27 minuti
Porzioni:5 persone

INGREDIENTI:

350g di fagiolini verdi
Olio d'oliva
5 patate novelle tagliate in due parti
5 fettine di pancetta cotte
Sale e pepe (quantità a piacere)

PROCEDIMENTO:

Prendere i fagiolini, il sale, l'olio, le patate e il pepe. Metterli in una teglia, mescolare, inserire nell'elettrodomestico e cuocere a 220°C per 12 minuti. Buon appetito!

Nutrienti: Kcal: 376, Grassi: 12g, Fibre: 14g, Proteine: 14g.

FAGIOLI E PARMIGIANO

Tempo di PROCEDIMENTO: 21 minuti
Porzioni:2 persone

INGREDIENTI:

170g di fagioli verdi
15g di Parmigiano grattugiato
1 cucchiaio e mezzo di olio d'oliva
Sale e pepe (quantità a piacere)
1 cucchiaini di aglio tritato
½ uovo sbattuto

PROCEDIMENTO:

Prendere il sale, l'aglio, l'uovo e il pepe in una ciotola e mixare il tutto. Successivamente, aggiungere i fagiolini, continuare a girare il tutto e cospargere di parmigiano. Cuocere all'interno della friggitrice ad aria per 9 minuti a 185°C.

FAGIOLINI VERDI E POMODORI

Tempo di PROCEDIMENTO: 25 minuti
Porzioni:4 persone

INGREDIENTI:

295g di pomodori ciliegini
Sale e pepe (quantità a piacere a seconda del gusto)
2 cucchiaini di olio d'oliva
170g di fagioli verdi

PROCEDIMENTO:

Prendere una padella di dimensioni pari a quelle della friggitrice ad aria, prendere tutti gli INGREDIENTI:, metterli all'interno e mescolare. Inserire in friggitrice a 210°C per per 14 minuti.

Nutrienti: Kcal: 164, Grassi: 5g, Fibre: 6g, Carboidrati: 7g, Proteine: 8g.

FINOCCHIO AROMATIZZATO

Tempo di PROCEDIMENTO: 18 min
Porzioni:4 persone

INGREDIENTI:

2 finocchi (divisi in 4 parti)
2 cucchiai di olio d'oliva
185ml di brodo vegetale
Sale e pepe (quantità a piacere)
1 spicchio d'aglio da tritare
1 peperoncino rosso da tritare
Succo di mezzo limone
90 gr di parmigiano grattugiato
65ml di vino bianco

PROCEDIMENTO:

Mettere all'interno di una padella delle stesse dimensioni della friggitrice l'aglio, l'olio e il peperoncino e lasciare andare per circa 2 minuti e ½ . Successivamente, prendete il sale, il brodo, il succo di limone, il finocchio, il pepe, l'aceto e il parmigiano e aggiungeteli. Mescolate molto bene il tutto per amalgamare. Spostare nell'elettrodomestico ad aria e cuocere a 185°C per 5 minuti e ½.

Nutrienti: Kcal: 102, Grassi: 5g, Fibre: 9g, Proteine: 5g.

FRITTELLE DI SPINACI

Tempo: 37 minuti

INGREDIENTI:

110g farina
Sale (in poca quantità)
2 uova
½ bicchiere latte
Formaggio grattugiato (un cucchiaio)
460g spinaci
Olio d'oliva
10g lievito di birra

PROCEDIMENTO:

Lessate gli spinaci in acqua bollente e metteteli in una ciotola. Sciogliete il lievito di birra in ½ bicchiere di latte caldo e aggiungetelo agli spinaci insieme a due uova e al sale. Mescolate bene poi unite la farina e il formaggio grattugiato. Amalgamate fino a ottenere un composto morbido. Prendete l'impasto a cucchiaiate e appoggiate le frittelle sulla griglia della friggitrice ad aria (potete usare un foglio di carta forno bucherellato se non volete farle attaccare). Irroratele con un po' d'olio (un "puff" a frittella). Cuocete a 180° per 10 minuti girando le frittelle a metà cottura. Servitele ben dorate.

GALETTE AL PALAK

Tempo di PROCEDIMENTO: 22 min
Porzioni:2 persone

INGREDIENTI:

20g di zenzero grattugiato
35ml di garam masala
Sale e pepe Q.B.
65g di foglie di palak
3 peperoncini verdi sminuzzati
2 cucchiaini di foglie di coriandolo
1 cucchiano di succo di limone
220g di arachidi tritati

PROCEDIMENTO:

Prendete gli INGREDIENTI: ed amalgamateli all'interno di un contenitore (tranne le arachidi). Una volta ottenuto il composto, formare delle galette (la forma deve essere circolare e soprattutto piatta). Prendere i 200 e piu' grammi di arachidi e "farli piovere" su ogni galetta. Dopodiché accendere l'elettrodomestico ad aria scaldandolo a 90°C per 4 minuti. Una volta eseguito quest'ultimo passaggio, cuocere per 23 minuti a 90°C. Dopo circa 11/12 minuti, girare le galette. Buon appetito!

Nutrienti: Kcal: 181

GNOCCHI DI CAVOLFIORE

Tempo di PROCEDIMENTO: 22 min
Porzioni:4 persone

INGREDIENTI:

Impasto:

420g di farina
4 cucchiai d'acqua
1 cucchiaino di sale
Per il ripieno:
4 cucchiaini di aglio e zenzero
4 cucchiaini di aceto
4 cucchiaini di salsa di soia
4 cucchiai di olio d'oliva
260g di cavolfiore grattuggiato

PROCEDIMENTO:

Prendete gli INGREDIENTI: dell'impasto e mescolateli. Una volta fatto, prendere la pellicola e coprire il tutto lasciando riposare. Successivamente, prendere gli INGREDIENTI: del ripieno e amalgamarli. Dopodiché prendere la pasta sdraiandola su un piano di lavoro ponendo il ripieno al centro. Chiudere a mo' di ravioli e cuocere a 100°C per 17-18 minuti.

Nutrienti: Kcal: 147.

GNOCCHI DI RICOTTA

Tempo di PROCEDIMENTO: 22 min
Porzioni:4 persone

INGREDIENTI:

Impasto:

420g di farina
1 cucchiaino di sale
4 cucchiai d'acqua
Per il ripieno:
4 cucchiaini di aceto
350g di ricotta
4 cucchiaini di salsa di soia
4 cucchiai di olio d'oliva
4 cucchiaini di concentrato di aglio e zenzero

PROCEDIMENTO:

Prendete gli INGREDIENTI: dell'impasto e mescolateli. Una volta fatto, prendere la pellicola e coprire il tutto lasciando riposare. Successivamente, prendere gli INGREDIENTI: del ripieno e amalgamarli. Dopodiché prendere la pasta sdraiandola su un piano di lavoro ponendo il ripieno al centro. Chiudere a mo' di ravioli e cuocere a 100°C per 17-18 minuti.

Nutrienti: Kcal: 137.

GUSTOSE TARTINE DI POMODORO E BASILICO

Tempo di PROCEDIMENTO: 26 min
Porzioni:2 persone

INGREDIENTI:

Basilico tritato (in poca quantità)
Cannella
2 uova
Sale e pepe (quantità a piacere a seconda del gusto)
1 spicchio d'aglio tritato
70g cheddar già grattuggiato
160g di pomodori

PROCEDIMENTO:

Prendere il pepe, il cheddar, il basilico, la cannella, le uova e mischiare il tutto all'interno di un contenitore. Dopo aver mescolato bene spostare il tutto all'interno di un piatto di una dimensione adatta alla friggitrice ad aria, prendere i pomodorini posizionandoli in cima e cuocere per 15 minuti a 150°C. Una volta pronto, dividere.

Capitolo 6: RICETTE DI CARNE

AGNELLO AL CUMINO

Tempo di preparazione: 8 minuti
Tempo di cottura: 10 minuti
Porzioni: 4

INGREDIENTI:

Per l'agnello:

1 cucchiaio di cumino macinato
1/2 cucchiaino di pepe del Sichuan
2 peperoncini rossi tritati
1 cucchiaino di sale kosher
½ cucchiaino di pepe di cayenna
1 cucchiaio di aglio tritato
1/2 di cucchiaino di dolcificante
500gr di spalla di agnello tagliata a pezzi di circa 1,5 cm
2 cucchiai di olio vegetale
2 cucchiai di amminoacidi del cocco

Per la guarnizione:

2 scalogni tritati finemente
1 manciata abbondante di coriandolo tritato

PROCEDIMENTO:

Tostare il pepe del Sichuan insieme al cumino in una padella.
Far raffreddare per poi usare mortaio e pestello per completare la macina del pepe.
Utilizzando la forchetta fare dei fori nella carne e farla marinare in una ciotola con il cumino e pepe mischiati prima, il cocco, l'olio, il dolcificante ed il peperoncino per 30 minuti.
Dopo aver fatto preriscaldare 180° inserire l'agnello e lasciar cuocere per 10 minuti.

Nutrienti:
Calorie: 322, Grassi Totali: 20g, Carboidrati Totali 22g, Proteine 27g, Fibre: 1 g

AGNELLO E VERDURE MARINATE

Tempo di preparazione: 40 min
Porzioni: 4 persone

INGREDIENTI:

1 carota affettata
Germogli di fagioli
230 gr di lombo di agnello tagliato
1 cipolla affettata
10 ml di olio d'oliva

Per marinare:
1 spicchio d'aglio tritato
Metà mela grattugiata
1 cucchiaio di zucchero
450 gr di succo d'arancia
Sale e pepe q.b.
1 piccola cipolla gialla sbucciata
1 cucchiaio di zenzero grattugiato
5 cucchiai di salsa di soia

PROCEDIMENTO:

Mischiare 1 cipolla con mela, aglio, salsa di soia, succo d'arancia, 1 cucchiaio di zenzero, zucchero e pepe nero, per poi inserire un po' di agnello e lasciar da parte per 10 minuti.
Scaldare una padella a fuoco medio, inserendo un filo d'olio di oliva. Poi aggiungere 1 cipolla affettata, i germogli di fagioli e la carota per lasciar cuocere 4 minuti circa.
Inserire l'agnello e la marinata, poi spostare la padella nella friggitrice e cuocere per 25 minuti a 180°.

AGNELLO FRITTO ALL'ORIENTALE

Tempo di preparazione: 52 min
Porzioni: 8

INGREDIENTI:

1 kg e 300 gr di spalla d'agnello, sminuzzata
2 cucchiai di miele
255 gr di prugne, ammaccate
240 ml di brodo vegetale
85 gr di mandorle, sgusciate e tritate
2 cipolle gialle a dadini
2 spicchi d'aglio tritati
1 cucchiaino di zenzero macinato
1 cucchiaino di cannella in polvere
Sale e pepe q. B
1 cucchiaino di cumino in polvere
1 cucchiaio di curcuma in polvere
3 cucchiaini di olio d'oliva

PROCEDIMENTO:

Mescolare zenzero, cumino, olio d'oliva e la curcuma in un piatto, poi inserire l'agnello e inserire in friggitrice a 180° per 8 minuti.
Poi aggiungere cipolle, brodo, prugne e miele per mescolare il tutto ed inserire nuovamente in friggitrice per 38 minuti a 180°.

Nutrienti: Kcal: 432, Grassi: 23 g, Fibre: 6 g, Carboidrati: 30 g, Proteine: 20 g.

AGNELLO TIKKA

Tempo di preparazione: 25 min
Porzioni: 2 persone

INGREDIENTI:

500 gr di agnello a fette
2 cucchiai di farina di ceci
Poco sale
1 peperone grande, a cubetti grandi
1 cipolla tagliata in 4

Per il ripieno:
30 gr di coriandolo verde
15gr di foglie di menta
Un pizzico di sale
2 cucchiai di succo di limone
2 cucchiaini di finocchio
2 cucchiai di concentrato di aglio e zenzero
1 cipolla piccola

PROCEDIMENTO:

Iniziare preparando il ripieno.
Inserire tutti gli INGREDIENTI: in un mixer / frullatore finche' non diventa una pasta densa.
Dividere la pasta e nella prima metà inserire i pezzi di agnello, mentre la seconda va aggiunta al sale e alla farina di ceci, per poi inserire anche qui i pezzi di agnello rimasti.
Posizionare su un bastoncino i pezzi di agnello alternati a pezzi di peperone e cipolla, poi inserire in friggitrice che dovrà essere preriscaldata e cuocere a 80° per 1h e 40 min circa.

ALI DI POLLO ALLA CINESE

Tempo di preparazione: 2 h 20 min
Porzioni: 6

INGREDIENTI:

16 ali di pollo
1 cucchiaio di miele
1 cucchiaio di salsa di soia
Sale e pepe q.b
Un pizzico di pepe bianco
45 ml. Di succo di lime

PROCEDIMENTO:

In una ciotola unire miele, salsa di soia, sale, pepe bianco e nero e succo di lime e mescolare bene.
Aggiungere poi i pezzi di pollo e mescolare finche' non sono totalmente coperti.
Lasciar riposare in frigo per 2h, poi inserire in friggitrice e cuocere per 9 minuti a 195°.

Nutrienti: Kcal: 372, Grassi: 9g, Fibre: 10g, Carboidrati: 37g, Proteine: 24g

ALI DI POLLO SPEZIATE

Porzioni: 4

INGREDIENTI::

800 gr di Ali di pollo
Limone
Aglio
Concentrato di pomodoro
1 cucchiaio
Erbe aromatiche (Timo, semi di coriandolo)
Paprika
Zenzero fresco
Olio extravergine d'oliva
Sale q.b.
Pepe nero q.b.

PROCEDIMENTO:

Lavare e asciugare bene le ali di pollo.
In una ciotola versare: concentrato di pomodoro (1 cucchiaio e mezzo), 1 rametto di timo, mezzo cucchiaio di zenzero grattugiato, 1 spicchio d'aglio, succo di limone, rosmarino, mezzo cucchiaio di semi di coriandolo e un cucchiaino di paprika, per poi condire con sale, pepe ed un filo d'olio.
Inserire poi le alette di pollo e coprirle con la miscela e lasciar riposare per 30 minuti.
Inserire in friggitrice e cuocere a 180° per 18 minuti.

ARROSTO DI MANZO ALLA THAILANDESE

Tempo di preparazione: 10 minuti
Tempo di cottura: 40 minuti
Porzioni: 6

INGREDIENTI:

1kg di filetto di manzo
1 cucchiaio di olio di oliva
1 pizzico di sale
1 pizzico di pepe nero

Per l'insalata:
2 carote grattugiate
½ cavolo bianco
1 peperone rosso a pezzi
1 pizzico di zucchero
Taccole
Germogli di fagioli
1 cucchiaio di semi di sesamo tostati
1 mazzetto di coriandolo tritato

Per la salsa:
2 cucchiai di salsa di pesce
2 cucchiai di succo di limone fresco
2 peperoncini
2 spicchi di aglio
1 pizzico di zenzero in polvere
2 cucchiai di salsa tamari o di soia
2 cucchiai di olio di sesamo
4 cucchiai di acqua

1 scalogno tritato
1 cucchiaio di zucchero di canna
Un pizzico di sale

PROCEDIMENTO:

Preriscaldare la friggitrice per 5 minuti.
Preparare la carne condendola con olio, pepe e sale e cuocere in friggitrice a 190° per 13 minuti.
Preparare l'insalata mischiando tutti gli altri INGREDIENTI: indicati.
In un frullatore, inserire tutti gli INGREDIENTI: per la salsa e mixare per 1 minuto, poi riporre la salsa sull'insalata.
Tagliare la carne, dividerla nei piatti e servirla con l'insalata.
Buon appetito!

Nutrienti: per Porzione Calorie: 341.3 Grassi Totali: 9.3g, Carboidrati Totali 33, Proteine: 29.1g, Fibre: 2.2g

BISTECCA ALLA MOSTARDA

Tempo di preparazione: 2 ore
Tempo di cottura: 8 minuti
Porzioni: 2

INGREDIENTI:

60 ml di olio d'oliva
60 ml di aceto balsamico
36 g di mostarda di Digione
Bistecca di fianco 453 g
Sale e pepe a piacere
4 foglie di basilico affettate

PROCEDIMENTO:

Mischiare l'olio con l'aceto e la senape, poi inserire la bistecca. Coprire il tutto con una pellicola e lasciare in frigo per tutta la notte. Inserire la bistecca in friggitrice e cuocere per 8 minuti a 190°, poi condire con sale e pepe e servire.

BOCCONCINI DI TACCHINO CON COTICHE

Tempo di preparazione: 6 minuti
Tempo di cottura: 10 minuti
Porzioni: 6

INGREDIENTI:

6-7 bocconcini di tacchino
1 tazza di cotiche
1 cucchiaino di sale
1 cucchiaino di paprika affumicata
½ cucchiaino di aglio in polvere
½ cucchiaino di cipolla in polvere
2 uova sbattute

PROCEDIMENTO:

Mescolare le cotiche con i condimenti in una ciotola, mentre in un altro contenitore inserire l'uovo ed immergerci i bocconcini di tacchino.
In seguito passare i bocconcini nelle cotiche ed inserirli nel robot da cucina a 200° per 10 minuti.

Nutrienti: per Porzione Calorie: 130, Grassi Totali: 0.5g, Carboidrati Totali 3g, Proteine: 28g, Fibre: 1.1g

SPICY BOCCONCINI ALLA THAILANDESE

Tempo di preparazione: 20 min
Porzioni: 4

INGREDIENTI:

400 gr di carne di maiale macinata
1 cipolla
1 cucchiaino di purè di aglio
1 cucchiaino di coriandolo
Sale e pepe q. B
1 cucchiaino di salsa di soia
1 cucchiaio di salsa Worcester
1 cucchiaino di pasta di curry rosso
1 cucchiaino di spezie miste
1 cucchiaino di spezie cinesi
1/2 lime

PROCEDIMENTO:

Versare tutti gli INGREDIENTI: in una ciotola mescolando con forza.
Formare delle palline ed inserirle in friggitrice per 15 minuti a 180°

Nutrienti: Kcal: 222, Grassi: 3 g, Proteine: 2 g.

BRACIOLE DI MAIALE CON SALSA ALLA SALVIA

Tempo di preparazione: 27 min
Porzioni: 2

INGREDIENTI:

2 braciole di maiale
1 cucchiaino di salvia tritata
1 cucchiaino di succo di limone
Sale e pepe q.b
30 gr. Di burro
1 scalogno
1 cucchiaio di olio d'oliva

PROCEDIMENTO:

Condire le braciole di maiale con olio, sale e pepe e cuocere per 10 minuti a 190°.
A parte cuocere in una ciotola il burro e lo scalogno e lasciar soffriggere per 2 minuti, poi aggiungere la salvia ed il succo di limone.
Dividere le braciole nei piatti e servire coprendole con la salsa creata.

Nutrienti: Kcal: 265, Grassi: 6g, Carboidrati: 19g, Proteine: 12g.

BULGOGI

Tempo di preparazione: 5 minuti
Tempo di cottura: 12 minuti
Porzioni: 3

INGREDIENTI:

680gr di controfiletto tagliato a fette sottili
3 cipollotti tagliati in 2-3 pezzi
1 tazza di carote grattugiate
3 cucchiai di amminoacidi del cocco
2 cucchiai di dolcificante
2 cucchiai di olio di cocco fuso
2 cucchiai di semi di sesamo
2 cucchiaini di aglio tritato
½ cucchiaino di pepe nero macinato

PROCEDIMENTO:

In una busta richiudibile inserire le fette di manzo con: carote, cipollotti, cocco, aglio, pepe nero, olio di cocco, pepe macinato, un pizzico di sale, semi di sesamo e dolcificante.
Lasciar marinare per 1 ora circa, poi cuocere in friggitrice a 200° per 12 minuti.

Buon appetito!

Nutrienti: per Porzione Calorie: 265.8, Grassi Totali: 9.1g, Carboidrati Totali 8.6g, Proteine 35g, Fibre: 1g

CHEBUREKI DI POLLO E MOZZARELLA

Tempo di preparazione: 15 min
Porzioni: 2

INGREDIENTI:

100 gr. Di piselli
Sale e pepe q.b
Aceto q.b
600g filetti di pollo
150-200g di mozzarella
Pasta sfoglia
Olio per friggere

PROCEDIMENTO:

Tagliare il filetto di pollo a fettine sottili e poi inserirlo in una pentola con i piselli, la mozzarella, sale e aceto.
Riporre il ripieno su metà della pasta sfoglia, poi ripiegare e chiudere bene.
Friggere per 10 minuti a 150°.

Nutrienti: Kcal: 213, Grassi: 2g, Proteine: 2g.

CONTROFILETTO DI AGNELLO

Tempo di preparazione: 8 minuti
Tempo di cottura: 20 minuti
Porzioni: 6-7

INGREDIENTI:

½ cipolla media
4 fette di zenzero
5 spicchi d'aglio tritati
1 cucchiaino di finocchio tritato
1 cucchiaino di cannella macinata
½ cucchiaino di cardamomo macinato
½ cucchiaino di pepe di cayenna
1 cucchiaino di sale kosher
450gr di controfiletto di agnello senza osso

PROCEDIMENTO:

Lasciare da parte il controfiletto ed inserire tutti gli altri INGREDIENTI: nel frullatore per 3 minuti.
In una ciotola, fare dei taglietti lungo la carne del controfiletto e togliere il grasso in eccesso, per poi aggiungere le spezie mixate prima e far marinare il tutto per 30 minuti.
Cuocere poi nella friggitrice ad aria per 5 minuti a 160°.
Lasciar riposare qualche minuto prima di servire.

Nutrienti: per Porzione Calorie: 182, Grassi Totali: 7g, Carboidrati Totali 3g, Proteine 24g, Fibre: 0.5 g

CORDON BLEU DI POLLO

Porzioni: 4

INGREDIENTI::

2 petti di pollo
1 cucchiaio di dragoncello
1 cucchiaio di aglio in polvere
2 fette di prosciutto cotto
1 uovo sbattuto
Sale e pepe q.b.
1 cucchiaino di prezzemolo
2 cucchiai di formaggio cremoso
4 fette di formaggio svizzero
1/4 tazza di pangrattato

PROCEDIMENTO:

Iniziare preriscaldando il robot da cucina a 250°.
Nel frattempo condire il pollo con sale, pepe e dragoncello.
Creare una fessura nel mezzo di ogni petto di pollo per inserire il formaggio cremoso, il prezzemolo e l'aglio.
Tagliare il formaggio svizzero ed il prosciutto ed aggiungere una fetta a ciascun petto di pollo, poi sigillare la fessura.
Creare la gratinata passando il petto di pollo prima in un piatto con dell'uovo e poi nel pangrattato, poi cuocere in friggitrice per 20 minuti a 230°.

COSCE DI POLLO GOURMET

Tempo di preparazione: 30 min
Porzioni: 6

INGREDIENTI:

1 kg e 1/2 di cosce di pollo
Sale e pepe q. B
2 cipollotti a fette
2 cucchiai di olio di sesamo
1 cucchiaio di sherry
1/2 cucchiaino di aceto bianco
1 cucchiaino di salsa di soia
Un pizzico di zucchero

PROCEDIMENTO:

Iniziare condendo il pollo con sale, pepe e metà dell'olio di sesamo preparato.
Inserire in friggitrice e cuocere per 18 minuti a 190°.
Scaldare una padella a fuoco medio con l'olio rimasto, cipollotti, salsa di soia, burro, sherry e aceto mescolando bene e far bollire per 10 minuti.
Servire il pollo ricoprendolo con la salsa.

Nutrienti: Kcal: 321, Grassi: 8 g, Fibre: 12 g, Carboidrati: 36 g, Proteine: 24 g.

COSCIA DI AGNELLO AL LIMONE

Tempo di preparazione: 1 h 10 min
Porzioni: 4

INGREDIENTI:

2 kg di cosce di agnello
Succo di limone
400 gr di patate novelle
150 gr di manzo
50 gr di olio d'oliva
Rosmarino affettato
2 cucchiai di origano, tritato
Sale e peperoncino nero q.b.
1 cucchiaio di scorze di limone
3 spicchi d'aglio, tritati

PROCEDIMENTO:

Iniziare facendo dei piccoli tagli sul vitello per inserire il rosmarino e condire con sale, pepe e peperoncino.
In una piccola ciotola mescolare l'olio con l'origano, l'aglio, il succo di limone ed il prezzemolo.
Ungere l'agnello con la miscela.
Scaldare una padella con l'olio a fuoco medio, inserire le patate e cuocere per 5 minuti, poi unire l'agnello ed il brodo, spostare il tutto in friggitrice e cuocere a 180° per un'ora circa.

Nutrienti: Kcal: 264, Grassi: 4g, Fibre: 12g, Carboidrati: 27g, Proteine: 32g.

COSTINE FRITTE AD ARIA IN STILE ORIENTALE

Tempo di preparazione: 6 minuti
Tempo di cottura: 8 minuti
Porzioni: 5

INGREDIENTI:

1 cucchiaio di olio di oliva
1 cucchiaino di aglio tritato
1 cucchiaino di zenzero tritato
1 cucchiaio di pasta di fagioli neri fermentati
1 cucchiaio di vino rosso
1 cucchiaio di amminoacidi del cocco
680gr di costolette tagliate a pezzi piccoli

PROCEDIMENTO:

Mischiare tutti gli INGREDIENTI: in una ciotola di medie dimensioni, poi lasciar marinare per 30 minuti.
Poi togliere le costolette dalla marinatura e cuocere a 180° per 9 minuti.

Buon appetito!

Nutrienti: per Porzione Calorie: 386, Grassi Totali: 31g, Carboidrati Totali 4g, Proteine 18g, Fibre: 0.8g

COSTOLETTE DI MAIALE

Porzioni: 4

INGREDIENTI::

1 kg di Costolette di maiale
Paprika
Erbe aromatiche
Olio extravergine d'oliva
Sale q.b.
Pepe nero q.b.

PROCEDIMENTO:

Condire le costolette con 3 cucchiai di olio extravergine di oliva, sale e pepe nero, la paprika e qualche foglia di rosmarino, poi lasciar marinare in frigo per 30 minuti.
Al termine condire con un altro filo d'olio di oliva su tutta la superficie poi friggere per 25 minuti a 180°.

COSTOLETTE DI MAIALE CON FAGIOLINI

Tempo di preparazione: 25 min
Porzioni: 4

INGREDIENTI:

4 costolette di maiale
950 ml. Di olio d'oliva
2 spicchi di aglio tritato
30 gr. Di basilico tritato
15 gr. Di salvia tritata
Sale e pepe q.b
450 gr. Di fagiolini

PROCEDIMENTO:

In una padella adatta alla friggitrice condire le costolette con l'olio d'oliva, il basilico, il lime e poi aggiungere pepe, fagiolini, aglio e prezzemolo.
Inserire in friggitrice per 15 minuti a 180°

Nutrienti: Kcal: 261, Grassi: 7g, Carboidrati: 9g, Zuccheri: 14g, Proteine: 20g

COSTOLETTE DI MAIALE CON PEPERONI

Tempo di preparazione: 26 min
Porzioni: 4

INGREDIENTI:

1,3 l di olio d'oliva
4 costolette di maiale, con osso
Sale e pepe q.b
45 ml di succo di limone
1 cucchiaio di paprika affumicata
2 cucchiaini di timo tritato
2 spicchi d'aglio tritato
2 peperoni arrosto tagliati a striscioline

PROCEDIMENTO:

Cospargere le costolette nel succo di limone in una padella adatta alla friggitrice e aggiungere la paprika, l'aglio, il sale e il pepe ed il timo. Inserire nel robot da cucina per 16 minuti a 200° ed infine unire le costolette ed i peperoni.
Buon Appetito!

Nutrienti: Kcal: 321, Grassi: 6g, Fibre: 8g, Carboidrati: 14g, Proteine: 17g .

COUSCOUS DI MAIALE

Tempo di preparazione: 45 minuti
Porzioni: 6

INGREDIENTI:

1 kg e 500 gr di lombo di maiale, disossato e affettato
100 gr di pollo
1 cucchiaino di rosmarino secco
Sale e pepe q.b.
330 gr di couscous già preparato
4 cucchiaini di olio d'oliva
1 cucchiaino di maggiorana secca
1 cucchiaino di basilico secco
1 cucchiaino di origano secco
1 cucchiaino di paprika dolce
2 cucchiaini e mezzo di salvia secca
1 cucchiaino di aglio in polvere

PROCEDIMENTO:

In una ciotola inserire olio, brodo, paprika, basilico, aglio, timo, origano, maggiorana e pepe mescolando con forza.
Aggiungere la carne e lasciar marinare per 1 ora.
Inserire in friggitrice per 40 minuti a 180°.
Servire con il couscous.

Nutrienti: Kcal: 310, Grassi: 4g, Fibre: 6g, Carboidrati: 37g, Proteine: 34g.

DELIZIOSI SFILACCI DI CARNE DI MONTONE

Tempo di preparazione: 1 h 25 min circa
Porzioni: 4

INGREDIENTI:

900 gr. Di carne di montone a sfilacci
650 gr. Di pangrattato
40 gr. Di origano
40 gr. Di peperoncino rosso in fiocchi

Per la Salamoia:
40 gr. Di concentrato di zenzero
120 ml. Di succo di limone
4 cucchiaini di sale
2 cucchiaini di pepe nero
2 cucchiaini di peperoncino rosso
180 gr. Di farina di mais
8 uova

PROCEDIMENTO:

Mischiare insieme tutti gli INGREDIENTI: per la salamoia ed inserire le listarelle di montone e far marinare per una notte.
Mescolare bene il pangrattato, l'origano, il peperoncino ed immergerci la carne a sfilaccia.
Inserire in friggitrice e lasciar cuocere per 15 minuti a 80°, girandola a metà cottura per garantire l'uniformità.
Servirla aggiungendo in superficie la salamoia.

Nutrienti: Kcal: 145, Grassi: 11g, Proteine: 7g.

ENCHILADA DI POLLO

Tempo di preparazione: 30 min
Porzioni: 4

INGREDIENTI:

290 gr di pollo grigliato
1/3 cucchiaino di salsa enchilada
Mezzo pollo a fette medie
240 gr di cheddar a listarelle
100 gr di formaggio sciolto
110 gr di panna acida
1 avocado sbucciato

PROCEDIMENTO:

Dopo aver grigliato e sminuzzato il pollo unirlo alla salsa a base di enchilada.
Poi creare dei rotoli e distribuire su ognuno 2 cucchiai cheddar, chiudere e arrotolare, poi versarci il formaggio fuso e cuocere a 190° per 10 minuti.
Servite caldo con panna acida e tagliate a fette.

Nutrienti: Kcal: 402, Grassi: 4g, Proteine: 3g.

FAJITAS

TEMPO DI PREPARAZIONE: 10 MINUTI
TEMPO DI COTTURA: 10 MINUTI
PORZIONI: 4

INGREDIENTI::

1 cucchiaio di succo di lime
Spray da cucina tortillas, riscaldate
Salsa mix da servire
Panna acida da servire
Sale e pepe nero a piacere
¼ di cucchiaino di coriandolo, macinato
500 gr. Di petti di pollo, tagliati a strisce
1 peperone rosso a fette
1 cucchiaino di aglio in polvere
¼ di cucchiaino di cumino, macinato
½ cucchiaino di peperoncino in polvere
1 peperone verde a fette
1 cipolla gialla, tritata
1 tazza di foglie di lattuga, strappate per servire

PROCEDIMENTO:

Mischiare il pollo con aglio, cumino, sale, pepe, coriandolo, peperoncino, succo di lime, peperone rosso e verde e cipolla. Cuocere a 200° per 10 minuti, poi predisporre le tortillas su un tavolo. Dividere il mix di pollo per ogni tortillas, aggiungere panna, lattuga e salsa e servire.

FAJITAS DI MANZO

Tempo di preparazione: 10 minuti
Tempo di cottura: 35 minuti
Porzioni: 5

INGREDIENTI:

1kg di manzo tagliato a listarelle sottili
6 cucchiai di olio di cocco
Olio di oliva
12 tortillas
2 cucchiai di burro fuso
½ tazza di succo di limone o di lime
4 spicchi d'aglio schiacciati
½ cucchiaino di peperoncino in polvere
1 peperone rosso tagliato a pezzetti
1 peperone giallo tagliato a pezzetti
2 cipolle medie tagliate a fette sottili
Salsa piccante come guarnizione
Avocado

PROCEDIMENTO:

Mischiare il succo di limone con l'olio, poi aggiungere le spezie e la carne continuando a mescolare con forza.
Lasciar marinare per 5 ore, poi rimuovere la carne dal frigo e condirla con 2 cucchiai di olio di oliva.
Cuocere a 180° per 35 minuti.

Durante la cottura della carne, soffriggere le verdure con l'olio di cocco e poi inserirle nella friggitrice.
Scaldare le tortillas in una padella antiaderente e spennellare con il burro fuso.
Servire la carne di manzo con le tortillas!

Nutrienti: per Porzione Calorie: 481.8 Grassi Totali: 21.7g, Carboidrati Totali 52g, Proteine: 20.5g, Fibre: 3.4g

FESA DI TACCHINO AL POMPELMO

Porzioni: 4
Tempo di preparazione: 35 minuti

INGREDIENTI::

4 fette fesa di tacchino
1 pompelmo
Farina 00
2 cucchiai olio d'oliva
Sale
Pepe

PROCEDIMENTO:

Mischiare in una ciotola di medie dimensioni 2 cucchiai di olio d'oliva ed il succo di pompelmo, poi immergere nel composto le fette di tacchino.
Infarinare le fette di tacchino e cuocere per 20 minuti a 200°.

FILET MIGNON SPEZIATO CON ERBE

Tempo di preparazione: 5 minuti
Tempo di cottura: 12 minuti
Porzioni: 3

INGREDIENTI:

2 filet mignon di manzo
2 cucchiaini di sale grosso
1 cucchiaino e ½ di pepe nero macinato
1 cucchiaino di olio di oliva
1/ 4 di cucchiaino di pepe di cayenna
60gr di gorgonzola
3 cucchiai di burro
2 cucchiaini di erba cipollina tritata finemente

PROCEDIMENTO:

Condire i filetti con sale, pepe ed erba cipollina.
Ungere la teglia della friggitrice con spray da cucina o olio di oliva e poi disporci i filetti.
Aggiungere il burro e far cuocere per 7 minuti a 180°.
Al termine della cottura, versare il burro fuso sui filetti e servire.

Nutrienti: per Porzione Calorie: 210, Grassi Totali: 8.5g, Carboidrati Totali 7.9 g, Proteine 25g, Fibre: 1g

FILETTO DI MAIALE FRITTO E SPEZIATO

Tempo di preparazione: 8 minuti
Tempo di cottura: 20 minuti
Porzioni: 4

INGREDIENTI:

700gr di filetto di maiale
2 cucchiai di dolcificante
¼ di cucchiaino di aglio in polvere
¼ di cucchiaino di pepe di cayenna (facoltativo)
½ cucchiaio di olio di oliva
1 cucchiaio di paprika affumicata
1 cucchiaino e ½ di sale
1 cucchiaino di mostarda
½ cucchiaino di cipolla in polvere
½ cucchiaino di pepe nero macinato

PROCEDIMENTO:

Mischiare tutti gli INGREDIENTI: in una ciotola di medie dimensioni.
Ungere i filetti con un filo d'olio di oliva e condire con il mix di spezie.
Cuocere i filetti per 20 minuti a 200° e poi lasciarli riposare per 10 minuti.
Infine, tagliare a fette e servire.

Nutrienti: per Porzione Calorie: 364.7, Grassi Totali: 17.5g, Carboidrati Totali 2.8g, Proteine 47.2g, Fibre: 0.8 g

GULASCH DI MANZO

Tempo di preparazione: 10 minuti à
Tempo di cottura: 35 minuti
Porzioni: 4

INGREDIENTI:

2 cucchiai di olio di oliva
680gr di manzo per stufato a pezzi
½ tazza di farina di mandorle
1 cipolla tritata
2 spicchi d'aglio tritati
1 peperone verde senza semi e tagliato a pezzi piccoli
1 peperone rosso senza semi e tagliato a pezzi piccoli
2 cucchiai di passata di pomodoro
2 cucchiai di paprika
2 pomodori grandi a dadini
3 cucchiai di brodo di carne
2 cucchiai di prezzemolo tritato
1 pizzico di pepe nero

PROCEDIMENTO:

Iniziare preriscaldando la friggitrice a 200°.
Inserire la carne nella teglia dopo averla unta con un filo d'olio ed aggiungere la farina di mandorle, poi aggiungere aglio, peperoni, cipolla e prezzemolo.
Infine aggiungere la passata di pomodoro e la paprika e far cuocere il tutto per 38 minuti a 200°.
Finita la cottura, aggiungere 2 cucchiai di brodo caldo.

Nutrienti: per Porzione Calorie: 280 Grassi Totali: 20.7g, Carboidrati Totali 8 g, Proteine 18.9g, Fibre: 3g

INSALATA DI POLLO E PATATE

Tempo di preparazione: 10 minuti
Tempo di cottura: 22 minuti
Porzioni: 3

INGREDIENTI:

900gr di patate
1 mazzo di asparagi
4 fette di pancetta tagliate a pezzi grossi
½ tazza di maionese
¼ di tazza di panna acida
2 cucchiai di succo di limone
3 cucchiaini di mostarda di Digione
1 cucchiaio di dragoncello tritato grossolanamente
230gr di pollo
4 cipollotti tritati finemente

PROCEDIMENTO:

In una pentola versare 2 tazze e 1/3 d'acqua, per poi inserire le patate e far bollire per 10 minuti.
Poi tagliare le patate a dadini e condirle con sale e pepe.
Inserire nel cestello della friggitrice insieme a pollo ed asparagi.
Cuocere per 12 minuti a 170°.
Una volta cotti, inserire gli INGREDIENTI: in una ciotola grande ed aggiungere maionese, panna acida, mostarda, dragoncello e succo di limone.
Condire con sale e pepe, aggiungere i cipollotti e servire!

Nutrienti: per Porzione Calorie: 193.1, Grassi Totali: 11.9g, Carboidrati Totali 3.3, Proteine: 18.7g, Fibre: 0.6g

INSALATA DI POLLO E QUINOA

Tempo di preparazione: 10 minuti
Tempo di cottura: 15 minuti
Porzioni: 3-4

INGREDIENTI:

230gr di petto di pollo
½ tazza di quinoa
1 pomodoro medio tagliato a dadini
1 cipollotto affettato
½ cetriolo medio affettato
½ tazza di noci
1 cucchiaino di foglie di rucola
¼ di cucchiaino di menta fresca tritata
1 cucchiaino di succo di lime fresco
½ cucchiaio di succo d'arancia fresco
½ cucchiaio di olio di oliva
1 cucchiaino di aceto
1 cucchiaino di mostarda di Digione

PROCEDIMENTO:

Mettere a bollire una pentola con una tazza d'acqua e la quinoa (cuocere per circa 12 minuti)
Tagliare il pollo a pezzi e condire con sale e pepe.
Disporre il pollo nella friggitrice e cuocere per 10 minuti a 180°.
Preparare l'insalata mischiando cetriolo, noci, rucola, cipollotto, menta, pomodoro e quinoa e poi aggiungere il pollo con aceto e mostarda.

Nutrienti: per Porzione Calorie: 235, Grassi Totali: 8.2g, Carboidrati Totali 16.8, Proteine: 22.7g, Fibre: 0.6g

INSALATA GRECA DI POLPETTE

Tempo di preparazione: 20 min
Porzioni: 6

INGREDIENTI:

60 ml di latte
480 gr di carne macinata
1 cipolla gialla, grattugiata
2 cucchiaini e ½ di origano
1 cucchiaio di olio d'oliva
Olio spray
200 gr di pomodorini, a metà
30 gr di spinaci
1 cucchiaio e 1/2 di succo di limone
200 gr di yogurt greco
2 fettine di pane, a cubetti
1 uovo sbattuto
1 mazzetto di prezzemolo
Sale e pepe q. B
2 spicchi d'aglio tritati

PROCEDIMENTO:

Inserire in una ciotola il pane tagliato, poi aggiungere il latte e lasciare a mollo per qualche minuto.
Strizzare il pane inzuppato e spostare in un altro contenitore.
In quest'ultimo aggiungere uovo, cannella, origano, carne di manzo, aglio, basilico e prezzemolo e formare delle polpette di medie dimensioni.

Ungere con olio spray o classico olio d'oliva, poi cuocere a 190° per 10 minuti.
Creare un'insalata unendo spinaci, cetriolo e pomodoro, poi inserire le polpette seguite da latte, pepe, succo di limone, sale e yogurt.

Nutrienti: Kcal: 200, Grassi: 4g, Fibre: 8 g, Carboidrati: 13 g, Proteine: 27 g.

INSALATA SHAWARMA

Tempo di preparazione: 10 minuti
Tempo di cottura: 20 minuti
Porzioni: 5

INGREDIENTI:

900gr di pollo disossato e tagliato a listarelle sottili
½ cucchiaino di coriandolo in polvere
½ cucchiaino di curcuma in polvere
½ cucchiaino di peperoncino in polvere
1 cucchiaio di sommacco
1 pizzico di sale
1 peperone rosso
1 peperone giallo
½ cetriolo
1 pomodoro
Foglie di menta e di coriandolo tritate per la guarnizione

Per la marinatura:
Succo di 1 limone grande
2 cucchiai di yogurt
1 cucchiaino di cumino

Per la salsa:
3 cucchiai di yogurt Hung
2 cucchiai di maionese
1 cucchiaino di sommacco
1 cucchiaio di olio di oliva
1 cucchiaio di succo di limone
1 pizzico di sale

PROCEDIMENTO:

Preparare la marinatura mescolando gli INGREDIENTI: indicati, poi aggiungere ½ cucchiaino di curcuma, ½ cucchiaino di peperoncino e ½ cucchiaino di coriandolo.
Far marinare il pollo per 5 ore in frigo.
Preriscaldare la friggitrice per 5 minuti a 200°.
Inserire il pollo nel cestello e cuocere per 20 min a 180°.
Una volta cotto, servirlo insieme alle verdure tagliate a pezzi.
In una ciotola a parte preparare la salsa mescolando tutti gli INGREDIENTI: indicati.
Guarnire con foglie di menta e coriandolo!

INVOLTINI DI COPPA E CARCIOFINI

PER 2 PERSONE
TEMPO: 15 MINUTI

INGREDIENTI::

150 gr caciocavallo
Prezzemolo
Olio d'oliva
Sale
Pepe
Carciofini sott'olio
Fettine di coppa di maiale

PROCEDIMENTO:

Rendere sottili le fette di coppa con il batticarne e farcirle con qualche fetta di caciocavallo ed i carciofini, il prezzemolo, il pepe ed il sale.
Arrotolare le fettine su loro stesse per creare gli involtini e chiuderli con gli stuzzicadenti.
Cuocere per 10 minuti a 180°

KEBAB DI POLLO

TEMPO DI PREPARAZIONE: 10 MINUTI
TEMPO DI COTTURA: 20 MINUTI
PORZIONI: 2

INGREDIENTI::

3 peperoni arancioni, tagliati a quadretti
50 gr di di miele
Spray da cucina
Funghi, a metà
1/3 di un bicchiere di salsa di soia
Sale e pepe nero a piacere
2 petti di pollo, senza pelle, disossati e tagliati a cubetti grossolanamente

PROCEDIMENTO:

Inserire in un contenitore pollo, sale, miele, pepe, salsa, spray da cucina o olio e mescolare con forza.
Prendere gli stuzzicadenti lunghi ed infilare in ordine: pollo, peperoni e funghi.
Inserire nel robot da cucina e cuocere a 160° per 20 minuti.

LASAGNA CLASSICA

Porzioni: 2
Tempo di preparazione: 10 minuti
Tempo di cottura: 40 minuti

INGREDIENTI:

4 sfoglie di pasta fresca per lasagne
160 gr di sugo alla bolognese
130 gr di besciamella
50 gr di formaggio grattugiato a scelta
INGREDIENTI: a scelta (fettine di prosciutto, formaggio, speck, ecc)

PROCEDIMENTO:

Iniziare preriscaldando la friggitrice a 180°.
Rivestire una pirofila adatta con carta da forno ed iniziare spalmando il primo strato di besciamella, poi prima sfoglia di pasta e poi uno di ragù ed infine gli INGREDIENTI: a piacere scelti.
Sull'ultimo strato spolverare parecchio formaggio grattugiato.
Cuocere a 180° per 40 minuti.

LONZA E PATATE

Tempo di preparazione: 15 min
Porzioni: 2

INGREDIENTI:

900 g di lonza di maiale
1 cucchiaino di prezzemolo fresco
1 goccia di aceto balsamico
2 patate rosse tagliate a spicchi medi
Sale e pepe q.b.
1/2 cucchiaino di aglio in polvere
1/2 cucchiaino di peperoncino rosso in fiocchi

PROCEDIMENTO:

In una padella adatta al robot da cucina inserire la lonza e le patate e condire con peperoncino, aceto, prezzemolo, aglio, sale e pepe. Cuocere per 30 minuti a 200°

Nutrienti: Kcal: 400, Grassi: 15g, Fibre: 7g, Carboidrati: 27g, Proteine: 20g.

MAIALE ALLA PAPRIKA

PORZIONI: 4
TEMPO DI PREPARAZIONE: 5 MINUTI
TEMPO DI COTTURA: 25 MINUTI

INGREDIENTI::

450gr di carne di maiale per stufato tagliata a cubetti
1 cucchiaio di burro fuso
1 cucchiaio di prezzemolo tritato
4 cucchiaini di paprika dolce
Un pizzico di sale e pepe
1 tazza di panna di cocco

PROCEDIMENTO:

Scaldare una padella aggiungendo un po' d'olio per far rosolare il maiale per qualche minuto (massimo 5), poi aggiungere il resto degli INGREDIENTI: nella padella.
Preriscaldare la friggitrice a 200°, poi cuocere la carne per 20 minuti.

MAIALE BRASATO

Tempo di preparazione: 1 h e 20 minuti
Porzioni: 4

INGREDIENTI:

2 kg di arrosto di maiale, disossato e tagliato a cubetti
4 cucchiai di burro sciolto
1 cucchiaino di timo tagliato
1 timo primaverile
1 foglia di alloro
Sale e pepe q.b.
½ cipolla gialla affettata
400 gr di farina bianca
230 gr di uva rossa
280 gr di pollo farcito
115 ml di vino bianco invecchiato
2 spicchi di aglio tritato

PROCEDIMENTO:

Condire i cubetti di maiale con sale e pepe, sciogliere con il burro e poi cuocere per 10 minuti a 190°.
Nel frattempo, scaldare una padella adatta alla vostra friggitrice con il burro, poi inserire aglio e cipolla e far soffriggere per 3 minuti.
Poi aggiungere il vino, il sale, il pepe, il timo, la farina, il brodo e l'alloro.
Inserire il maiale e l'uvetta poi spostare in friggitrice e cuocere per 30 minuti a 180°.

Nutrienti: Kcal: 320, Grassi: 4g, Fibre: 5g, Carboidrati: 29g, Proteine: 38g.

MAIALE CON SALSA DI ANETO

Tempo di preparazione: 8 minuti
Tempo di cottura: 20 minuti
Porzioni: 3-4

INGREDIENTI:

Per la salsa all'aneto:
½ tazza di yogurt magro oppure di yogurt greco
½ tazza di panna acida
1 pizzico di sale
2 cucchiai di aneto tritato finemente
Sesamo a piacere
4 costolette di maiale
2 cucchiai di olio di oliva
1 pizzico di sale

PROCEDIMENTO:

Iniziare preriscaldando il robot da cucina a 190°.
Dividere il maiale in 6 e condire con olio e sale.
Cuocere in friggitrice per 23 minuti.
Per la salsa, mischiare in una ciotola yogurt, panna acida, sale e aneto.
Una volta cotto il maiale, condire con la salsa creata.

Nutrienti: per Porzione Calorie: 198.7, Grassi Totali: 7.3g, Carboidrati Totali 1.7g, Proteine: 26g, Fibre: 1.3g

MAIALE CREMOSO

Tempo di preparazione: 35 minuti
Porzioni: 6

INGREDIENTI:

2 kg di maiale disossato e tagliato a cubetti
2 cipolle gialle tagliate
1 cucchiaino di olio d'oliva
1 spicchio di aglio tritato
420 gr di pollo
2 cucchiai di paprika dolce
Sale e pepe q.b.
380 gr di farina bianca
150 gr di panna acida
2 cucchiai di aneto tritato

PROCEDIMENTO:

Condire il maiale con olio, pepe e sale in una padella.
Poi inserire in friggitrice per 9 minuti a 170°.
Unire cipolla, paprika, riso, pollo, aglio, panna acida e aneto e continuare a cuocere per 15 minuti a 190°.

Nutrienti: Kcal: 300, Grassi: 4g, Fibre: 10g, Carboidrati: 26g, Proteine: 34g.

MAIALE CON PESCHE

Tempo di preparazione: 10 minuti
Tempo di cottura: 15 minuti
Porzioni: 5

INGREDIENTI:

7 pesche
1/2 di tazza d'acqua
3 tazze di zucchero
3kg di maiale porzionato
4 cucchiai di un insaporitore per carni
7 cucchiai di zucchero di canna

Preparazione

Iniziare sbucciando le pesche e rimuovendo il nocciolo per poi tagliarle a dadini.
Versare l'acqua in una pentola e aggiungere lo zucchero per far cuocere per 40 minuti.
Poi inserire nel frullatore e mixare finche' si forma una crema.
Condire il maiale con le spezie per carni e lasciarlo marinare per una notte.
Cuocere poi a 180° per 40 minuti.
Una volta cotta, togliere la carne dalla friggitrice.
Aggiungere 1 cucchiaio di zucchero a ciascuna porzione.
Mescolare 1 cucchiaio di zucchero di canna con 1 cucchiaio di insaporitore per carni e usarlo per condire ciascuna pesca.
Mettere tutto nella friggitrice ad aria per altri 2 minuti.

MAIALE IN COPERTA

4 PORZIONI:
TEMPO DI PREPARAZIONE:5
MINUTI TEMPO DI COTTURA:10 MINUTI

INGREDIENTI::

½foglio di pasta sfoglia scongelata
16 salsicce affumicate tagliate
15 ml di latte

PROCEDIMENTO:

Iniziare preriscaldando la friggitrice ad aria.
Tagliare la sfoglia in strisce e porre una salsiccia tagliata su un'estremità e avvolgere l'impasto attorno alla salsiccia sigillando con un po' d'acqua.
Spazzolare con un po' di latte e cuocere per 12 minuti a 200°.

MANZO ALLA MONGOLA

Tempo di preparazione 8 minuti
Porzioni 6

INGREDIENTI:

olio di oliva
6 piccoli cipollotti da dividere in 2 in diagonale
900g di cappello del prete
Per la marinatura:
2 spicchi d'aglio tritati
2 cucchiaini di radice di zenzero (da grattuggiare)
amminoacidi del cocco

PROCEDIMENTO:

Accendere e riscaldare l'elettrodomestico ad aria per 6 minuti a 185°. Prendere la carne, tagliarla a fettine ed inserire quest'ultime all'interno di una busta per mantenere il cibo fresco con aglio, amminoacidi e zenzero. Chiudere la busta e lasciare in frigorifero per 60 minuti. Inserire la carne all'interno della friggitrice (ungere con l'olio il cesto) e cuocere per una ventina di minuti all'incirca. Buon appetito!

Nutrienti Calorie: 335, Proteine: 19g, Fibre: 3g

Capitolo 7: DESSERT

BANANE FRITTE

Tempo di preparazione: 14 min
Porzioni: 4

INGREDIENTI:

4 banane
Sale (poca quantità)
150g di farina
2 cucchiai di zucchero
2 limoni

PROCEDIMENTO:

Prendere le banane e sbucciarle. Creare un composto con acqua, farina, sale e passarci sopra le banane. Mettere le banane all'interno dell'elettrodomestico ad aria e cuocere per 85°C fino a quando non si otterrà un colore dorato. Estrarre le banane fritte e guarnire con zucchero a velo.

Nutrienti: Kcal: 205, Grassi: 2g, Proteine: 3g

BARRETTA DI ANACARDI

Tempo di preparazione: 23 min
Porzioni: 3 persone

INGREDIENTI:

15g di farina di mandorle
½ cucchiaio di semi di chia
½ cucchiaio di burro di mandorle
40ml di miele
110g di anacardi
50g di cocco essiccato

PROCEDIMENTO:

Prendere il burro e il miele e metterli all'interno di un contenitore. Prendere il cocco, gli anacardi, i semi di chia e aggiungerli al composto precedente. Spostare il tutto all'interno di una pirofila o una teglia adatta per la friggitrice ad aria e cuocere per 14 minuti a 160°C. Dividere in barrette. Buon appetito!

BARRETTE AL LIMONE

Tempo di preparazione: 33 min
Porzioni: 3 persone

INGREDIENTI:

200g di zucchero
130g farina
Succo di 1 limone
2 uova
115g di burro

PROCEDIMENTO:

Prendere il burro, 50g di farina, 50g di zucchero e mescolare il tutto all'interno di un contenitore. Inserire all'interno della friggitrice ad aria e cuocere per 12 minuti a 165°C. Prendere la farina e lo zucchero rimasti, metterli insieme al succo di limone, alle uova e mescolare bene concludendo versando letteralmente il tutto sul composto che è stato cotto precedentemente. Reinserire all'interno dell'elettrodomestico ad aria e cuocere a 165°C per 17 minuti. Estrarre, dividere in barrette e buon appetito!

Nutrienti: Kcal: 127, Grassi: 5g, Carboidrati: 13g, Proteine: 3g.

BARRETTE DI MANDORLE E CIOCCOLATO

Tempo di preparazione: 36 min
Porzioni: 3 persone

INGREDIENTI:

30g di pepite di cioccolato
4 datteri secchi
30g canapa in semi
30g bacche di goji
30g di scaglie di cocco
70g di mandorle
5g di cacao in polvere

PROCEDIMENTO:

Prendere le mandorle, metterle a mollo, scolarle e dopodiché inserirle all'interno di un contenitore con le pepite, le bacche, i semi di canapa, il cacao in polvere, il cocco amalgamare bene il tutto. Dopo aver mescolato, prendere i datteri e aggiungerli all'interno del composto. Mettere il tutto all'interno di una pirofila o una teglia. Inserire quest'ultima all'interno dell'elettrodomestico ad aria e cuocere per 3 minuti a 170°C. Una volta pronto, estrarre, mettere a rinfrescare in frigo per una mezz'oretta.

BARRETTE DI PRUGNA

Tempo di preparazione: 23 min
Porzioni: 4 persone

INGREDIENTI:

225g di prugne secche
½ cucchiaino di bicarbonato
Olio spray
85g d'avena
110g di zucchero di canna
15ml d'acqua
1 cucchiaio di burro fuso
½ uovo sbattuto
½ cucchiaino di cannella in polvere

PROCEDIMENTO::

Prendere le prugne secche, dell'acqua e inserire il tutto all'interno di un contenitore adatto e mescolare bene. Prendere la cannella, l'avena e mescolare bene il tutto. Dopodiché aggiungere lo zucchero, il burro, il bicarbonato, l'uovo e mescolare il tutto (meglio se con una frusta elettrica). Prendere una pirofila, inserirci metà del composto con l'avena ottenuto precedentemente sul fondo, le prugne al di sopra e coprire con la restante parte del composto d'avena. Scuotere la pirofila a destra e sinistra con vigore. Spostare il tutto all'interno dell'elettrodomestico ad aria e cuocere per 15 minuti a 180°C. Una volta pronto, far sì che si raffreddi per una mezz'ora, dividere in barrette.

Nutrienti: Kcal: 109, Grassi: 5g, Fibre: 7g, Carboidrati: 9g, Proteine: 4g

BISCOTTI AL CACAO

Tempo di preparazione: 22 min
Porzioni: 6 persone

INGREDIENTI:

90ml di olio di cocco
2 cucchiai e ½ di zucchero
40g di cacao in polvere
½ cucchiaino di lievito in polvere
3 uova
60g di crema di formaggio
1 cucchiaino di vaniglia

PROCEDIMENTO:

Prendere l'olio di cocco, la vaniglia, le uova, il cacao, la crema di formaggio e mescolare il tutto utilizzando un frullatore. Nel frattempo, prendere una pirofila, infarinarla e versare la miscela all'interno. Inserire la pirofila all'interno dell'elettrodomestico ad aria e cuocere per 16 minuti a 155°C. Una volta pronto, creare delle forme per i biscotti.

Nutrienti: Kcal: 176, Grassi: 13g, Carboidrati: 5g, Fibre: 2g, Proteine: 4g.

BISCOTTI ALLA ZUCCA

Tempo di preparazione: 26 min
Porzioni: 48 biscotti

INGREDIENTI:

1 cucchiaio di bicarbonato di sodio
220g purea di zucca
90ml d'acqua
620g di farina
170g di miele
450gdi burro
2 cucchiaini di estratto di vaniglia
160g di gocce di cioccolato fondente
2 cucchiai di semi di lino

PROCEDIMENTO:

Prendere il bicarbonato, il sale, la farina e mescolare il tutto all'interno di un contenitore. Mettere insieme l'acqua e i semi di lino in un contenitore adatto e amalgamare bene. Prendere la purea di zucca, il miele, le spezie e il burro e mescolare bene il tutto all'interno di una terrina. Aggiungere l'estratto di vaniglia in un secondo momento. Prendere le gocce di cioccolato, la farina e aggiungere questi ultimi due INGREDIENTI: alla miscela di miele ottenuta precedentemente. Mescolare il tutto con una frusta (meglio se elettrica).

BROWNIES

Tempo di preparazione: 29 min
Porzioni: 2 persone

INGREDIENTI:

20g di cacao in polvere
½ cucchiaino di lievito in polvere
35g di zucchero
½ uovo
½ cucchiaino di vaniglia
20g di farina
50g di burro
15g di noci
½ cucchiaio di burro d'arachidi

PROCEDIMENTO:

Prendere 3 cucchiai di zucchero, 3 di burro e inserirli all'interno di una padella. Scaldare per circa 6 minuti. Una volta pronto, spostare all'interno di un contenitore adatto e aggiungere vaniglia, uovo, noci, sale, cacao, lievito. Mixare bene e spostare nuovamente, questa volta all'interno di una casseruola di dimensioni compatibili all'elettrodomestico ad aria. Prendere mezzo cucchiaio di burro normale, mezzo di arachidi, metterli in una tazza e riscaldarla in forno per 15/30 secondi. Versare questa miscela ottenuta sui brownies. Mettere i brownies all'interno della friggitrice ad aria e cuocere per 15 minuti a 170°C. Dividere i brownies una volta che si sono raffreddati. Nutrienti: Kcal: 219, Grassi: 27g, Fibre: 2g, Carboidrati: 4g, Proteine: 5g

BUDINO AL CAVOLFIORE

Tempo di preparazione: 20 minuti
Porzioni: 2 persone

INGREDIENTI:

1 cucchiaio di crema pasticcera
50g di cavolfiore
1 cucchiaio di burro non salato
1 cucchiaio di zucchero glassato
120g di latte

PROCEDIMENTO:

Prendere una pentola, mettere lo zucchero, il latte e scaldare. Accende e riscaldare l'elettrodomestico ad aria per 6 minuti a 140°C. Aggiungere la crema pasticcera e mescolare bene. Prendere il cavolfiore e farlo bollire. Versare la miscela ottenuta precedentemente sulle cime del cavolfiore. Inserire il piatto con all'interno il cavolfiore nella friggitrice e scaldare per 8 minuti a 130°C.
Nutrienti: Kcal: 36, Grassi: 3g, Proteine: 7g.

BUDINO AL GELSO

Tempo di preparazione: 28 minuti
Porzioni: 3 persone

INGREDIENTI:

1 cucchiaino di crema pasticcera
140g di farina di mandorle
½ cucchiaino di zucchero glassato
120ml di latte
1 cucchiaino di burro non salato
115g di succo di gelso

PROCEDIMENTO:

Prendere una casseruola, mettere lo zucchero, il latte e riscaldare questi due INGREDIENTI:. Accendere e riscaldare l'elettrodomestico ad aria per 6 minuti a 145°C. Dopodiché aggiungere la crema pasticcera nella casseruola. Prendere il succo di gelso, la farina di mandorle e mixare il tutto all'interno di un frullatore. Mescolare i due composti, spostarli all'interno di un piatto, inserire il piatto nella friggitrice e cuocere per 11 minuti a 115°C.

Nutrienti: Kcal: 35, Grassi: 8g, Proteine: 11g

BUDINO AL GUAVA

Tempo di preparazione: 16 min
Porzioni: 6 persone

INGREDIENTI:

290g di farina di mandorle
Polpa di 4 guava
4 cucchiai di crema pasticcera in polvere
90g di burro non salato
950ml di latte
80g di zucchero

PROCEDIMENTO:

Prendere la crema pasticcera in polvere, lo zucchero, il latte e unire il tutto all'interno di una casseruola. Aggiungere la farina di mandorle e far ebollire il tutto. Accendere e preriscaldare l'elettrodomestico ad aria per 6 minuti a 140°C. Prendere la polpa di guava, aggiungerla e mescolare bene per riuscire ad ottenere il colore del frutto. Spostare all'interno della friggitrice e cuocere per 11 minuti a 110°C. Aspettare che si raffreddi.

Nutrienti: Kcal: 43, Grassi: 2g, Proteine: 4g

BUDINO AL LIMONE

Tempo di preparazione: 25 min
Porzioni: 6 persone

INGREDIENTI:

6 cucchiai di crema pasticcera
900g di succo di limone
4 cucchiaini di zucchero glassato
980ml di latte
4 cucchiaini di burro non salato
Scorza di limone

PROCEDIMENTO:

Prendere la crema pasticcera, lo zucchero, il latte e amalgamare il tutto (dopo aver fatto bollire quest'ultimo) all'interno di una casseruola. Cuocere per 6 minuti a 125°C, estrarre, lasciarlo "riposare" fino a che non si sia raffreddato, reinserire il tutto all'interno dell'elettrodomestico ad aria e cuocere nuovamente per 9 minuti a 125°C. Lasciare raffreddare nuovamente e buon appetito!

Nutrienti: Kcal: 95

.

BUDINO AL RIBES NERO

Tempo di preparazione: 21 min
Porzioni: 2 persone

INGREDIENTI:

1 cucchiaio di crema pasticcera in polvere
120g di farina di mandorle
25g di zucchero
250ml di latte
25g di burro non salato
120g di ribes neri

PROCEDIMENTO:

Prendere lo zucchero, il latte, inserirli all'interno di un pentolino e far bollire. Dopodiché mettere la farina di mandorle e la crema pasticcera. Amalgamare bene il tutto. Unire i ribes neri e continuare ad amalgamare. Accendere l'elettrodomestico ad aria e lasciarlo andare per 12 minuti a 110°C. Dopodiché spostare il composto dalla pentola in una casseruola e inserirla all'interno della friggitrice cuocendo per 9 minuti a 125°C. Aspettare che si raffreddi e buon appetito!
Nutrienti: Kcal: 41, Grassi: 19g, Proteine: 14g.

BUDINO ALLA PERA

Tempo di preparazione: 23 min
Porzioni: 5 persone

INGREDIENTI:

40g di burro senza sale
480ml di latte
175g di polpa di pera
2 cucchiai di crema pasticcera
45g di zucchero

PROCEDIMENTO:

Prendere lo zucchero, il latte e scaldarli all'interno di una casseruola. Dopodiché aggiungere i cucchiai di crema pasticcera e mescolare bene il tutto. Prendere la polpa di pera, aggiungerla al composto precedente e continuare ad amalgamare. Accendere l'elettrodomestico ad aria e scaldarlo per 6 minuti a 140°C. Spostare il tutto dalla padella all'interno di una casseruola cuocendo per 11 minuti a 120°C. Estrarre, aspettare che si raffreddi e buon appetito!

Nutrienti: Kcal: 95, Grassi: 7g, Proteine: 8g.

CPSIA information can be obtained
at www.ICGtesting.com
Printed in the USA
LVHW051553300621
691578LV00003B/29

9 781803 392455